TRADUÇÃO
Mariana Echalar
Cristina Cupertino
Juliana Pavão

ZAHRA ALI
RAMA SALLA DIENG
SILVIA FEDERICI
VERÓNICA GAGO
LOLA OLUFEMI
DJAMILA RIBEIRO
SAYAK VALENCIA
FRANÇOISE VERGÈS

O MUNDO

SOBRE OS
LEGADOS
FEMINISTAS

camponesas pela defesa da terra dos anos 1960–70, que acreditávamos circunscritas à sua época, estão sendo preenchidas com um novo significado pelas lutas contemporâneas contra a artificialização do solo e o monopólio dos recursos comuns. Algo similar vem ocorrendo no campo feminista. Os combates atuais contra as violências sexistas mundo afora, a exploração do trabalho reprodutivo trazida à luz pela pandemia de covid-19, as políticas fascistizantes que miram indissociavelmente as mulheres e as populações mais vulneráveis conferem uma atualidade fulgurante a certas lutas do passado. A ambição desta coletânea é retornar a esse passado, não como se retorna a um arquivo, mas a uma fonte de inspiração viva, a momentos determinantes do nosso presente. Cultivar, como escreve Verónica Gago, "a capacidade de voltar a uma época magnífica graças à capacidade coletiva de suscitar questionamentos, tocá-los e dissecá-los sem necessariamente solucioná-los, ao menos não de forma linear".

As autoras destes textos têm em comum o fato de escrever a partir dos feminismos e das lutas do Sul global, ou em diálogo com eles. Sobressai neles um método para pensar e praticar as vias da solidariedade internacional, atento aos contextos locais e às experiências singulares das mulheres, a partir do qual é possível construir uma linguagem comum e oferecer uma "visão do futuro que não fala somente para as mulheres, e sim para a luta mais ampla pela libertação humana e pela regeneração da natureza", segundo as palavras de Silvia Federici. Veremos em ação, ao longo destas páginas, a surpreendente aptidão dos conceitos e das palavras de ordem feministas – bem como das próprias militantes – para transpor as fronteiras através das décadas e dos continentes que faz a força do feminismo, sua capacidade de mudar o mundo.

TRADUÇÃO Mariana Echalar

SOBRE O DESEJO DE TEORIA NO MOVIMENTO FEMINISTA

Verónica Gago

VERÓNICA GAGO nasceu em Chivilcoy, na Argentina, em 1976. Doutora em Ciências Sociais, é professora na Universidade de Buenos Aires e membro do coletivo Ni Una Menos. Entre suas obras traduzidas para o português estão *A razão neoliberal: economias barrocas e pragmática popular* (Elefante, 2018) e *A potência feminista, ou o desejo de transformar* (Elefante, 2020).

Uma leitura rápida da situação

O ciclo de mobilização e organização feminista que alcança escala internacional em 2016 consegue consolidar seu crescimento nos anos 2017, 2018 e 2019. As greves de 2016 na Polônia e na Argentina estão relacionadas às mobilizações iniciadas nessa época, como a Ni Una Menos na Argentina, em 2015, e, com elas, ganham fôlego. De minha parte, argumento que a ferramenta "greve" modifica a qualidade política desses movimentos e permite que eles ultrapassem o limite organizacional. Em 2017, o 8 de Março se transforma em uma greve feminista internacional, com diversos modos de organização, em dezenas de países.

Nesse triênio, portanto, que vai de 2017 a 2019, há uma *escalada* do movimento, já que: 1) a greve feminista de 8 de Março é lançada e afirmada; 2) o caráter internacional do movimento se expande, com um claro impulso partindo do Sul global; 3) ele se associa a outros movimentos, também internacionais, pelo direito ao aborto; 4) o movimento feminista converge com dinâmicas de protestos populares e indígenas em vários países da América Latina.

Podemos observar, ainda nesse período, o que entendo como uma combinação inédita para o movimento feminista: a comunhão entre massividade e radicalidade.[1] Esse é o aspecto singular do que pode ser caracterizado como um ciclo cuja temporalidade é marcada pela abertura de um "momento" de levante generalizado. Dessa maneira, o que me interessa é ressaltar um conjunto de dinâmicas que expliquem essa singularidade, que a tornem inteligível, sem simplesmente atribuir a ela uma noção de "causalidade". De forma bastante rápida, pretendo

---

1 Verónica Gago, *A potência feminista, ou o desejo de transformar tudo*, trad. Igor Peres. São Paulo: Elefante, 2020.

sintetizá-las, advertindo, porém, que elas não constituem um plano único.

Em primeiro lugar, a análise do movimento possibilita uma leitura das violências que, partindo dos próprios corpos e dos territórios que habitam, expande suas conexões de modo que as violências institucionais, econômicas, racistas e machistas se tornam compreensíveis. Essa forma de alcançar uma leitura *sistêmica* das violências desloca o eixo das violências interpessoais e o reposiciona em um plano estrutural que, no entanto, não deixa de ser situado. Assim, porque começa com a experiência e não se restringe a uma questão individual, essa leitura conduz a uma compreensão prática das violências do capital em sua fase neoliberal. Cotidiano não é sinônimo de pequeno, pelo contrário: relança uma crítica que aprofunda a compreensão do momento de devastação capitalista que vivemos. Voltarei a isso mais à frente.

Em segundo lugar, essa leitura permite uma política de transversalidade não só em termos de *alianças*, de construção de *problemáticas* e *demandas*, mas também da própria definição de conflitividade social. Concretamente, refiro-me à produção de política feminista para todos os espaços, ampliando a intervenção feminista sobre temas que não eram necessária e diretamente associados às suas pautas e campos de atuação: de aposentadoria a posse da terra, de contaminação de água a inclusão de programas de educação sexual no currículo escolar. Não se trata de somar ou acrescentar reivindicações, e sim de elaborar novas formas de pensar cada um desses âmbitos a partir dos feminismos e como esses lugares são espaços de disputa para os quais o movimento se expande. Nada disso pode ser limitado a uma análise teórica de base interseccional, mas sim a uma composição política de lutas e a um enraizamento do feminismo nas organizações que já trabalham com essas temáticas.

Em terceiro lugar, o movimento feminista consegue produzir política em nível internacional e local enquanto conecta política popular das ruas com mudanças nas relações sociais cotidianas. São duas questões de escala intimamente relacionadas. Esse é um ponto-chave para pensar um processo revolucionário em termos de transformação dos vínculos, capaz de incidir sobre as formas de organização laboral, de construir capacidades subjetivas que permitem imaginar outros modos de vida e, ao mesmo tempo, de intervir diretamente na conjuntura de cada lugar. O movimento feminista une micropolítica e macropolítica porque a experiência entrelaça geografias que transformam corpos e territórios em lugares onde é possível constatar os efeitos do local e do internacional, do conjuntural, do nacional e do global. Nesse ciclo recente de mobilizações, o internacionalismo – ou o que também chamamos de composição transfronteiriça do movimento – é vivenciado como um território propício para sua *expansão*, funcionando quase como um sistema de irrigação que avança abrindo novos caminhos.

A pandemia como freio da revolução feminista

A pandemia, que se iniciou em 2020 e se prolongou até 2021, veio para romper esse ciclo de crescimento das mobilizações e lutas feministas. Sem dúvida, não deixa de ser impressionante que o retrocesso por ela imposto tenha afetado exatamente aquilo que o movimento tanto lutou para iluminar e desorganizar, como as relações de obediência, opressão e exploração.

Assim, a urgência de lidar com a reprodução social desencadeada pela crise de covid-19 traduziu-se como confinamento nos espaços familiares e domésticos. O confinamento impôs, tendencialmente, que fossem "desfeitas" todas as desobediências surgidas a partir do questionamento do lar, entendido em um contexto heteropatriarcal, como espaço seguro. A retirada dos espaços de proximidade também teve um efeito de segmentação classista nas cidades, impedindo deslocamentos diagonais e transversais essenciais para a ebulição de alianças transfeministas.

A imposição de ordens de gênero em face da urgência da crise pretende encerrar a temporalidade de outra: a crise desencadeada pela insubmissão às imposições de trabalhos de cuidado atrelados a papéis binários de gênero. Além disso, a ferramenta de recusa do trabalho não remunerado em que consiste a greve feminista retorna, como um bumerangue, como uma intensificação dessas tarefas. E isso sob a alcunha de "trabalho essencial", trazendo para o primeiro plano esse trabalho que condensa as tarefas realizadas por mulheres, lésbicas, travestis, trans, camponeses/as que praticam uma agricultura de subsistência e imigrantes, historicamente não reconhecidos/as como trabalhadores/as e desprezados/as quanto a sua capacidade de produção. Foram qualificados como *essenciais* os dias de trabalho sem limite, marcados pela disponibilidade infinita diante da urgência, a invenção de estratagemas e o recurso aos saberes acumulados para enfrentar a escassez e a miséria diária. Vimos tudo isso sendo aplicado em grande escala a essas tarefas e a diversos empregos ligados à reprodução social – da educação à saúde, passando por todas as formas de trabalho do cuidado, da produção agroecológica ao atendimento por telefone –, consistindo a manipulação histórica em naturalizar o trabalho de reprodução, mas dessa vez à vista de todos e não apenas entre as quatro paredes do lar. *Ao mesmo tempo*, há um "retorno" ao lar – sob a modalidade em plena expansão do trabalho remoto – das tarefas reprodutivas e das novas formas de cuidado. A torção, em todo caso, é bem mais complicada. Estamos falando de trabalho, mas ele parece deixar de ser trabalho a partir do momento em que é considerado essencial. Ele tem algum valor reconhecido, porém este parece ligado fundamentalmente à dimensão simbólica e ao contexto de urgência. Essas mesmas tarefas foram reivindicadas publicamente na pandemia em termos simbólicos, mas não remuneráveis, negando outro elemento fundamental da greve: a problematização do trabalho reprodutivo como sinônimo de trabalho não pago.

A novidade da pandemia foi, portanto, vivenciada em relação a um conjunto de questões – sensíveis, afetivas, políticas e conceituais – que o movimento feminista conseguiu expor, delimitar e destacar nos últimos anos. Com isso, quero dizer que a chave para compreender esse acontecimento excepcional não seria a mesma não fossem as lutas mencionadas no início deste artigo. Principalmente, se não fosse a problematização do território concreto da exploração do trabalho remunerado e não remunerado e das formas contemporâneas de privatização da reprodução social. Essas duas questões adquiriram relevância especial em meio às mobilizações e greves.

Há ainda um segundo movimento. Se a pandemia funcionou como um laboratório para a reconfiguração patriarcal e *familista* dos vínculos, o movimento feminista gerou oposição ao construir redes de apoio e infraestruturas de provisão coletivas e apostar na *desdomestificação* dos cuidados. É possível identificar nessas práticas o que Judith Butler formula como a pergunta ética da interdependência na pandemia: "o que torna uma vida vivível é uma questão que implicitamente nos mostra que a vida nunca é exclusivamente nossa, que as condições para uma vida vivível precisam ser asseguradas, e não apenas para mim, mas também para vidas e processos vivos em geral". Ela afirma que isso não será possível enquanto a noção de "propriedade privada que descreve meu corpo ou que pressupõe minha individualidade for aceita como uma metodologia".[2]

Como mencionei, esse ciclo pôde, graças a seu caráter massivo, fazer das práticas feministas um modo de ampliar os contornos de um corpo ligado ao território, inventando uma língua que fala de corpos-territórios para pensar a conexão entre a crise ecológica e a possibilidade de outras soberanias não proprietárias (refiro-me à "soberania alimentar", por exemplo, uma reivindicação histórica dos movimentos rurais).

A oposição feminista ao modelo de individualismo possessivo como forma de entender o mundo exerceu uma força enorme nas experiências de organização, mobilização e subversão da cotidianidade. Para repensar a questão do cuidado e da proteção, por exemplo, dizendo: "*No me cuida la policía, me cuidan mis amigas*" [Não é a polícia que me protege, são minhas amigas]; para compreender essa ampliação da sensibilidade do corpo, afirmando: "*Tocan a una, respondemos todes*" [Se tocar em uma, reagimos todes]; ou deixando claro que: "*No vamos a pagar la crisis con nuestros cuerpos y territorios*" [Não vamos pagar pela crise com nossos corpos e territórios]. Todos são exemplos em que, de forma simples e poderosa, essa experiência coletiva se faz saber e potência.

Durante a pandemia, essa marca se manteve como chave de inteligibilidade do que vinha acontecendo. Foi o que permitiu voltar a denunciar a violência doméstica em condições de

---

2 Judith Butler, *Que mundo é este? Uma fenomenologia pandêmica*, trad. Beatriz Zampieri et al., Belo Horizonte: Autêntica, 2022, p. 77.

confinamento forçoso, além da violência do despejo, colocando os lares no centro do conflito. Com o coletivo Ni Una Menos e o sindicato do inquilinato, lançamos a campanha: "La casa no puede ser lugar de violencias machistas ni de especulación inmobiliaria", buscando uma forma de divulgar as denúncias de violência, que cresceram durante o período de confinamento, mas também o confinamento que convivia com ameaças de despejo. A contrametodologia – em oposição à metodologia da propriedade privada à que se refere Butler – foi uma prática mantida nas redes transfeministas durante a pandemia, capaz de fazer corpo coletivo quando tudo era injunção ao isolamento como paradigma de segurança.

A partir daí, pudemos voltar a pensar a casa como lugar onde novas *enclosures* ganham forma: como espaço de recolonização financeira para o capital, onde dívidas continuaram a se acumular em virtude do aumento global do custo de energia, alimentação e moradia. Em um texto recente que escrevi com Luci Cavallero, identificamos quatro dinâmicas que *se entrecruzaram* e *se introduziram* nos lares argentinos durante a pandemia: 1) o aumento do endividamento doméstico para os bens básicos, em consequência da restrição de renda, mas também do surgimento de novas dívidas (com serviços públicos e emergências); 2) o aumento da dívida de aluguéis (tanto pelas mensalidades devidas quanto por outras dívidas assumidas por não ter como pagar o aluguel) e a crescente exposição aos despejos em consequência do acúmulo de dívidas. Tudo isso se alia ao aumento da especulação imobiliária (no mercado formal e informal) pelo aumento dos aluguéis por causa da dolarização e pela restrição de oferta após as novas regulamentações; 3) a reorganização e a intensificação das jornadas de trabalho reprodutivo (sobretudo não remunerado) e produtivo em um mesmo espaço; e 4) a *invasão* da tecnologia financeira (FinTech) no lar, por meio de pagamentos a distância, bilheterias virtuais e bancos digitais.[3]

A pandemia, certamente, tentou efetuar uma manobra de reprivatização, uma espécie de "chamado à ordem" contra a ocupação das ruas pelos movimentos feministas e a reorganização do ambiente doméstico. Na verdade, os lares transformados em "residências-fábricas" (um termo que podemos resgatar dos anos 1970 na Argentina, embora sem o correlato das fábricas fordistas a que se associa originalmente) seguem submetidos a condições extraordinárias, mesmo que a emergência de covid tenha ficado no passado.

Esse *continuum* é um ponto nevrálgico para pensar sobre a atualidade. A "saída" para a pandemia realmente se dá em um novo cenário de empobrecimento, no qual a América Latina bate recordes.[4] Ao mesmo tempo, a aceleração da dinâmica extrativa teve, nos dois anos de pandemia, um impulso em termos de concentração monopolista e brutalidade, perpetuada pela guerra e por sua agenda geopolítica. Na nossa região, o avanço extrativista reorganiza o território a ponto de fragmentá-lo em zonas militarizadas e divididas entre as grandes corporações.

Também podemos falar de uma guerra que agora se desdobra no âmbito da reprodução social, como aquela que prolonga o que parecia ser um aspecto excepcional da pandemia, perpetuando-se

---

3 Ver Luci Cavallero e Verónica Gago, *A casa como laboratório: finanças, moradia e trabalho essencial*, trad. Julia Rabahie. São Paulo: Elefante, 2024.

4 Comissão Econômica para a América Latina e o Caribe (Cepal), *Panorama social da América Latina e do Caribe 2022: a transformação da educação como base para o desenvolvimento sustentável*. Santiago: ONU, 2022. Ver o comunicado de imprensa publicado em 24 de novembro de 2022: "A Cepal alerta que as taxas de pobreza na América Latina em 2022 se mantêm acima dos níveis pré-pandemia", *Cepal*, 24 nov. 2022. Disponível on-line.

além dela. Vivemos uma alteração das condições concretas, materiais, de empobrecimento com as quais compete a possibilidade de organização coletiva. As organizações populares e feministas se veem obrigadas a dar soluções imediatas, a continuar em estado de "emergência". São assim, de novo, *confinadas* a tarefas de assistência social urgentes. As margens de tempo e energia para o transbordar criativo diminuem à medida que resolver a questão da sobrevivência exige cada vez mais esforço.

A canalização desse mal-estar pela "desordem" de uma vida cotidiana sem nenhuma segurança, de uma reprodução social *agredida*, encontra nos argumentos da direita um meio expressivo e de compreensão afetiva clara. Se o movimento feminista alertou de forma contundente contra os efeitos devastadores da violência neoliberal e apontou o tipo de vínculo social que a possibilita, a resposta a esse alerta intensifica a violência, mas esbarra nessas mesmas contestações. A pandemia foi um grande ensaio geral. Ela acarretou um retrocesso do tipo *familiarista*, proprietário e racista que disputa, palmo a palmo, a própria noção de como fazer frente ao que as feministas denominaram interdependência. Dessa forma, somos convidadas a habitar a dependência em relação aos outros segundo esquemas de partilha racistas (quem merece e quem não merece cuidados), segundo uma meritocracia proprietária (quem possui títulos de propriedade como garantia de seus direitos) e segundo uma visão moralista e biológica dos vínculos (na qual a família heteropatriarcal é reinstituída como norma).

O movimento feminista habitado
por um desejo de teoria

É possível constatar, desde o início do ciclo de lutas ao qual me refiro, que o movimento feminista tem outro aspecto que deve ser ressaltado: ele é habitado por um desejo de teoria. Estou falando de uma necessidade vital e orgânica de criar conceitos, encontrar palavras, ensaiar maneiras de narrar o que acontece. Essa característica é o que diferencia o movimento feminista de outros movimentos sociais, nos quais muitas vezes o gesto anti-intelectual é repetido como garantia de autenticidade da experiência.

Podemos constatar que houve uma proliferação de slogans, canções, fanzines, grupos de leitura, livros e revistas. A quantidade de debates, encontros, seminários, espaços de autoformação, mudanças em programas universitários, entre outros, é enorme. Essa proliferação se deve ao crescimento teórico-político de uma discussão específica: fazer com que *grito* e *conceito* não sejam elementos totalmente dissociados. Que o "*Ya basta, paren de matarnos!*" [Chega, parem de nos matar!] – ponto de partida de movimentos como Ni Una Menos – não se limite a um grito de dor, mas que se desdobre em termos de luta, em termos tanto conceituais como programáticos. Não se trata de uma oposição entre um grito não conceitual e uma teoria elaborada, e sim, antes, de outro deslocamento: que esse "*ya basta*" abra um campo crucial de disputa teórica, narrativa e argumentativa.

O preconceito anti-intelectual exerce grande influência em intelectuais e militantes e foi capaz de sedimentar diversos lugares-comuns que continuam operantes. Por exemplo, a divisão extremamente ultrapassada entre pensar e fazer, entre elaborar e experimentar, entre o conforto e o risco. Sem dúvida, são esses polos que concentram caricaturas: a abnegação militante da prática como se esta fosse esvaziada de ideias e a adoração límpida do intelectual pelos conceitos como se fossem pura abstração. Apesar de estereotipadas, essas imagens continuam delimitando as fronteiras de um mapa que, no entanto, mudou muito. Considero que, nesse ciclo de mobilizações radicais e em massa dos feminismos, essa distribuição sensível, conceitual e política sofreu alterações. A questão sobre o preconceito anti--intelectual também pode ser feita sob outra ótica: cada vez que esse binarismo reaparece (em sua formulação mais cruel: entre quem faz e quem pensa), podemos detectar uma resposta disciplinadora a um deslocamento da relação entre pensamento e prática. Por isso, o anti-intelectualismo, em vez de ser um aceno ao popular e à riqueza da experiência (muitas vezes exagerado), torna-se um chamado à ordem e uma confirmação das hierarquias classistas, sexistas e racistas.

Em 1906, Rosa Luxemburgo chamou de "magnífica" uma época que "suscita problemas em massa *imensos*, que estimula o pensamento, que desperta crítica, ironia e, em sentido profundo, incita paixões".[5] Quando falo do desejo de teoria do movimento feminista, refiro-me à capacidade de voltar a uma época magnífica graças à capacidade coletiva de suscitar questionamentos, tocá-los e dissecá-los sem necessariamente solucioná-los, ao menos não de forma linear. Mas que produz a experiência de formulá-los, de ser parte de sua redefinição, até o ponto de experimentar as fronteiras do pensamento e fugir dos atalhos oferecidos por outras fórmulas aparentemente mais resolutivas. Assim, reposicionamos uma capacidade de "indocilidade refletida", para usar o termo foucaltiano, como

---

5 Rosa Luxemburgo, *Greve de massas, partido e sindicatos: 1906*, trad. José Reis. São Paulo: Kairós, 1979.

uma sensibilidade difusa, que faz da conceituação uma prática aliada à desobediência.

Portanto, esse desejo de teoria tem a ver com a própria dinâmica de inventar nomes e narrativas para o que precisamos dizer de outra maneira. Sem dúvida, essa versatilidade da língua conceitual denota uma capacidade de fazer da prática uma forma interrogativa, com marchas e contramarchas, com ensaios e apostas. Não é à toa, como dizia bell hooks, que "a disposição [feminista] para mudar de direção sempre que necessário tem sido a principal fonte de vitalidade e força para a luta feminista",[6] também em outros momentos históricos. A intimidade com essa capacidade de arriscar falar uma língua nova, criticar-se e relançar debates do passado tem relação com a vitalidade de um movimento que, enquanto caminha, pensa. O pensamento é uma característica do movimento. E bell hooks acrescenta que "nossa teoria tem de permanecer fluida, aberta e permeável ao novo",[7] a fim de continuar alinhada com o que muda em nossas vidas. Essa fluidez enche o movimento de densidade teórica. Mas, além disso, quero reforçar que, no caso do ciclo de que falamos, essa conceituação é fortemente impulsionada do Sul para o Norte.

Outro ponto que acredito ser importante destacar aqui: a habilidade do movimento de produzir vozes próprias e, a partir delas, dialogar e intercambiar, tensionando a clássica distribuição geopolítica em que as pessoas que fazem ou são silenciadas ou são citadas *apenas* por gramáticas preexistentes. A dimensão decolonizadora da prática teórica, como Silvia Rivera Cusi-

---

6 bell hooks, "Prefácio à nova edição", in *Teoria feminista: da margem ao centro*, trad. Rainer Patriota. São Paulo: Perspectiva, 2019, edição digital.
7 Ibid.

canqui vem defendendo há muito tempo, é um desafio aceito pelo movimento feminista, que faz teoria a partir da luta, não dissocia mobilização e conceito, apropria-se de textos e cria terminologias para fazê-los conversar com as situações e conjunturas que nos atravessam.

Esse trabalho também é um esforço de territorialização de conceitos. Como propõe Maria Mies, podemos entendê-los como territórios.[8] Isso significa que os conceitos podem ser "ocupados". Associo o desejo de teoria às maneiras como o movimento feminista tenta *libertar* determinados conceitos. Existe uma batalha nos terrenos da linguagem e das pedagogias que tem a ver com a aposta do movimento de produzir textos coletivos. Textos capazes de circular das ruas para dentro das casas e das casas para as ruas, compondo uma gramática não patriarcal, que burla as fronteiras entre tais espaços.

Quero então insistir no fato de que o desejo de teoria incita uma capacidade de enunciação e ação das lutas feministas que envolve o desafio de decolonizar a prática teórica. Volto às três questões que apresentei no início deste artigo como novidades desse ciclo, em que a união entre massificação e radicalidade implica um desejo de teoria. Por um lado, isso se expressa na necessidade de reiniciar o debate coletivo sobre a violência e suas formas, o que pressupõe rechaçar a linguagem do crime passional e da violência interpessoal para situar os feminicídios como atos políticos. Também pressupõe *desenclausurar* a violência doméstica do âmbito privado. Mas, além disso, gostaria de argumentar que vem se sistematizando uma "teoria da violência" na qual os

---

8 Maria Mies, *Patriarcado e acumulação em escala mundial: mulheres na divisão internacional do trabalho*, trad. Coletivo Sycorax. São Paulo: Ema / Timo, 2022.

conceitos ganham força nas ruas. Certamente, é possível mapear essa sistematização de múltiplas formas.

Meu interesse principal é entender como a noção de guerra foi reinserida no centro da análise pela perspectiva feminista, permitindo uma caracterização da violência contemporânea de maneira sistêmica. Tal análise, especialmente sobre as violências feminicidas enquanto individualização da guerra, apresenta dois aspectos fundamentais: 1) transfere a noção de guerra para uma outra gramática de conflitividade; 2) renova a necessidade de uma teoria da violência que não seja *desmobilizadora* nem *vitimizadora*. Com isso, refiro-me a como as lutas feministas recentes têm concebido um lugar a partir do qual, simultaneamente, caracterizar a violência neoliberal contemporânea e desenvolver a capacidade de ação política. Esse modo de aliar a conceituação da violência às formas de ação nas ruas, nos bairros e nas organizações sociais demonstra a importância do território teórico.

Considero que diferentes formulações feministas, partindo da conceituação de uma guerra contra mulheres, oferecem um marco para compreender guerras de um novo tipo, permitindo também a leitura de outras guerras. Reposicionar o conceito de guerra para falar do "estado de guerra permanente" contra certos corpos e certos territórios popularizou a tese de Silvia Federici sobre até que ponto a desvalorização da vida e do trabalho reprodutivo, imigrante e rural impulsionada pela fase contemporânea de globalização molda uma violência neoliberal que não foi subsumida em dispositivos de pacificação subjetiva nem pode ser entendida somente pela ótica das sociedades de controle.[9] As "novas formas de guerra", capazes de analisar

---

9 Silvia Federici, *O ponto zero da revolução: trabalho doméstico, reprodução e luta feminista*, trad. Coletivo Sycorax. São Paulo: Elefante, 2019.

a violência contra o corpo das mulheres e contra os corpos dissidentes em relação às economias do capital ilegal, como defende Rita Segato, renovam não só o léxico, mas também um pensamento estratégico de uma guerra que já não é a de dois lados claramente identificados em um único cenário de disputa. Raquel Gutiérrez Aguilar definiu essa guerra em relação à agressão sistemática contra as tramas da reprodução comunitária e comunal e sua analogia direta com a perseguição às mulheres e à natureza. Nesse sentido, a maneira como as lutas antiextrativistas vêm sendo pensadas – como guerra de conquista de território, deslocamento de populações e assassinato de líderes de movimentos de resistência – é uma via de acumulação dessa narrativa que põe a perspectiva da guerra em filigrana (sobre esse assunto, ver os trabalhos de Mina Navarro, entre outras).

Com isso, quero ressaltar que as violências neoliberais como parte de um pensamento maior sobre a guerra foram postas sobre a mesa por um conjunto de debates feministas, que são *acolhidos* e *ampliados* pela mobilização de massas. Foi essa mesma mobilização que conseguiu consolidar a ideia de que as violências por motivo de gênero são a chave estrutural de uma guerra em curso e uma atualização das variações ocorridas na própria dinâmica do que entendemos por guerra. Nesse lugar em que a experiência de buscar uma narrativa própria libera potência de ação, observamos a efetivação do desejo de teoria como práxis.

As alianças que fazem movimento

Sublinhei no início deste texto um segundo elemento do movimento feminista: a capacidade de construir alianças como uma prática política que pode ampliar a definição e a inteligibilidade dos conflitos. As alianças não seguem uma lógica de consenso, mas sim de estratégia. São construídas a partir de um objetivo comum. Nesse sentido, são experimentos ligados a conjunturas políticas. Funcionam dentro dessa temporalidade. No entanto, testar uma aliança, provar sua eficácia, sentir na pele a ampliação de possibilidades que ela projeta faz dela um recurso desejável. Em outras palavras: frequentemente, elas se tornam possíveis porque a lembrança do que possibilitam está viva, e esse é o primeiro passo para sua materialização.

As alianças políticas, diferentemente das fórmulas de *pseudossolidariedade*, são organizadas em função de um problema compartilhado, cultivando uma proximidade entre lutas diferentes por meio de uma avaliação consensual sobre o que deve ser priorizado. Por isso, são uma tecnologia política que permite determinar: 1) o que é urgente; 2) quais são os planos de ação; e 3) qual será a rota de fuga do conflito.

São as alianças que permitem intensificar os conflitos: projetá-los, fazê-los mudar de escala, torná-los audíveis para muitas pessoas, para alcançar também o que se entende por vitória. As alianças criam uma composição que não deixa de fora os interesses – e, nesse sentido, mobilizam uma inteligência pragmática –, mas também constroem um plano comum capaz de incluir outros significados possíveis de pertencimento, compromisso e afetação.

As alianças que contornam os caminhos previsíveis de um conflito são as primeiras em risco: pelas formas de financiamento que nos segmentam, pelas dinâmicas de implementação de uma "agenda" específica, por cálculos eleitorais.

As alianças são formas concretas de pensar além do indivíduo ou, mais especificamente, de assumir a dependência entre os indivíduos e suas alianças. Uma aliança com a terra promove uma perspectiva antiextrativista. Uma aliança entre a vizinhança permite pensar o desfinanciamento de moradias. Uma aliança entre estudantes e trabalhadoras da economia popular possibilita a criação de uma escola comunitária. Uma aliança reunida em assembleia trans e não binária permite libertar uma lésbica que foi encarcerada por se defender. Uma aliança permite que diretores de hospitais públicos e ativistas pró-aborto efetivamente criem uma lei. Sem essas alianças (estou me referindo a situações concretas do movimento feminista na Argentina), esses fatos não teriam acontecido.

Nesse sentido, os conflitos precedem as alianças. Estas surgem como enfrentamento e não como um cálculo *a priori* de uma soma de setores. Por isso, também a definição do conflito depende da aliança: a forma de definir e descrevê-lo faz parte do modo como esse conflito é entendido pelos atores que nele intervêm. Assim, para construir alianças, é necessário que haja um conflito compartilhado, e fazer parte de um conflito significa ter consciência de como ele nos afeta.

Tecer alianças transfeministas implica a ação política de criar proximidade com um conflito a partir da perspectiva de diferentes sujeitos e diferentes coletivos. Em quais instâncias essas alianças estão sendo geradas? Como esse tipo de aliança pode ser desenvolvido? A resposta é: por meio de um trabalho árduo, politicamente falando. É preciso dedicar muito tempo a organizar reuniões, assembleias e iniciativas, trabalhar coletivamente para produzir uma definição comum. É no trabalho de alianças que se constrói uma inteligência coletiva capaz de se expressar em slogans, daí sua autoria polifônica.

Aqui quero associar essa prática de construção de transversalidade também a um efeito de produção teórica. Em dois sentidos: como leitura da situação e como forma de síntese nos slogans políticos.

Os slogans como inteligência coletiva

Afirmei anteriormente que as alianças fazem movimento. Essa é uma forma de entender a composição concreta de uma massificação que não é nem espontânea nem reside apenas em pertencimentos já estabelecidos. Seus vetores de radicalidade são redimensionados à medida que, como mencionei, sua capacidade de incorporar conflitividades aumenta. Em seguida adicionei a possibilidade de detectar ali um desejo de teoria, capaz de tornar o plano teórico um espaço estratégico e não delegável. Gostaria, por fim, de me deter um pouco mais nos slogans que *fazem movimento*, para parafrasear a bela formulação de Julieta Kirkwood, que fez teoria feminista pensando que um movimento deve ser composto de perguntas.[10] Pensar nessas perguntas que *fazem* movimento é um procedimento de análise que posiciona as dimensões crítica e interrogativa como forças.

Na transição das perguntas para slogans, há uma formulação *estratégica*. Não que não exista estratégia nas perguntas, muito pelo contrário: a forma interrogativa é estratégica porque abre um horizonte. "*¿Qué quiere el movimiento feminista? Reivindicaciones y razones*" era o título de um panfleto da Comissão Feminista 8 de Maio de Madri, em 2019. Contudo, quero ressaltar que os slogans são apostas teórico-políticas para divulgar as descobertas conceituais de um movimento.

Como aprendemos com Lênin, slogans carregam uma validade espacial e temporal: sua força provém de conectar corpos e enunciados que expressam determinada conjuntura. Cada slogan, afirmava ele, "brota das peculiaridades de uma situação

---

10 Julieta Kirkwood, *Preguntas que hicieron movimiento*. Santiago: Banda Propia, 2021.

política". Quando lemos slogans que fazem sentido além das fronteiras, eles indicam *datas* (nesse sentido, expressam um momento) e *teses* que organizam uma forma de entender, e até mesmo de direcionar, o que está acontecendo. Rosa Luxemburgo era ainda mais otimista sobre o assunto, já que argumentava, essencialmente, que quem criava o slogan organizava a luta.

Os slogans expressam, sem dúvida, transformações ao mesmo tempo nos corpos e na atmosfera, que se traduzem em formas de experimentar a violência, a autodefesa, a insegurança, a força coletiva e a luta por tudo o que constitui a perseverança de viver em contextos cada vez mais críticos. Esses slogans acarretam transformações nos corpos, materializam os limites nas relações, estabelecem um horizonte coletivo, articulam uma linguagem, sintetizam uma época.

É possível ler na recente proliferação de slogans feministas, na capacidade do movimento de traduzi-los, deslocá-los geograficamente e, ao mesmo tempo, reivindicá-los como seus a construção de um texto-programa comum.

Por outro lado, os slogans demonstram certa experiência de *intraduzibilidade*: estão fortemente ligados à explosão de sua sonoridade, de seu ritmo, e muitas vezes também a significados poéticos ou históricos difíceis de preservar em outro idioma. Mesmo assim, cada vez mais fazem parte de uma linguagem comum, mesmo para exercer suas diferenças, para marcar rupturas: qual é a dissonância entre Ni una menos e MeToo? O canto do "poder popular" é entendido em todos os lugares como reivindicação feminista? Como se deu a proliferação do slogan "Não é amor. É trabalho não remunerado", que saiu de um texto de Silvia Federici e ganhou as ruas? Ou do grafite: "*Ni la tierra ni las mujeres son territorios de conquista*", do coletivo Mujeres Creando, que se transformou em linguagem coletiva antiextrativista?

Um desses processos de migração é histórico. O slogan "*Vivas nos queremos*", lançado no México, ressoa com o das Mães da Praça de Maio, quando gritaram em plena ditadura argentina: "*Vivos se los llevaron, vivos los queremos*" [Vivos os levaram, vivos os queremos], para exigir o retorno dos/as filhos/as desaparecidos/as. Assim como a frase: "Ni una menos" foi tomada de um verso da poeta mexicana Susana Chávez e tornou-se um movimento transfronteiriço, posicionando Ciudad Juárez como uma localidade próxima. É possível traçar toda uma cartografia das reemergências, reinterpretações, aparições e traduções como apostas de sentido. Podemos dizer que os slogans alcançam o que Josefina Ludmer atribuía à especulação: oferecem uma sintaxe às ideias de outrem a partir do território em que as usamos. Por isso, traduzir slogans, assim como especular, é uma prática material de uso, que inclui um conflito de apropriação e invenção e supõe formas de recriação capazes de lidar com tensões entre o que é próprio e o que é de outrem, entre o imaterial e o territorial, entre temporalidades diversas. A tradução de slogans permite esse modo de especulação colocada em variação coletiva, mas sempre situada.

Não é por acaso que, nesse ciclo histórico de mobilização feminista, ocorre um fenômeno como o do coletivo chileno LasTesis, cujo próprio nome remete a uma reivindicação de teses teóricas, levadas às ruas por textos e performances.[11] "*El violador eres tú*" [O abusador é você] tornou-se um canto universal porque consegue sintetizar de modo eloquente um estado do debate dentro do movimento, fórmulas teóricas que vêm se tornando parte da compreensão coletiva, porque integram a manifestação popular. Quase como uma reedição da

---

11 Coletivo LasTesis, *Quemar el miedo*. Ciudad de México: Planeta Mexicana, 2021.

preocupação de Eleonor Marx, tradutora militante que imaginava "os idiomas da Internacional" como um conjunto de códigos e gestos capazes de tornar compreensíveis palavras, usos e estilos políticos.

Sem dúvida, no desejo de teoria há estratégia e há um modo de existência transnacional que faz da pedagogia de massas uma preocupação da maior importância. Sobre isso, também reconhecemos o alarme reacionário, que transforma a linguagem, os conteúdos e as formas educativas em espaço predileto de ataque e contraofensiva. Um dos pontos principais dessa reação é combater a "ideologia de gênero".

Como argumenta Sonia Corrêa, a ideologia de gênero é uma "cesta" ou uma "hidra" com suas várias cabeças onde se depositam – como alvo de ataque – a linguagem de gênero, os currículos de escolas e universidades, os conteúdos das mídias, as leis a favor do direito ao aborto e os direitos sexuais e reprodutivos como um todo; também são alvo de ataques figuras intelectuais transfeministas que são referência no movimento e nos debates teológicos.[12] Sendo a palavra *ideologia* o eixo comum dessa série de questões políticas que se confrontam – em outras palavras, sendo o termo estruturante de uma "economia política conservadora" –, podemos fazer *o caminho inverso* e enxergar a importância formadora, intelectual e pedagógica que os movimentos transfeministas estão desenvolvendo. Essa é a luta que quis nomear aqui, buscando seus contornos, como um desejo de teoria.

TRADUÇÃO Juliana Pavão

---

12 Sonia Corrêa, "Gender Ideology", in *CREA Conference*, 2019. Disponível on-line.

A COLEÇÃO FEMMES EN LUTTES DE TOUS LES PAYS

UM ATO EDITORIAL
POLÍTICO [1970-80]

Françoise Vergès

FRANÇOISE VERGÈS nasceu em Paris, França, em 1952. Cientista política e historiadora, publicou, em português, pela Ubu, *Um feminismo decolonial* (2020), *Uma teoria feminista da violência* (2021) e *Decolonizar o museu: programa de desordem absoluta* (2023).

Nos anos 1970–80, na Europa, o internacionalismo revolucionário se mobiliza em várias frentes, cujo eixo são as lutas contra os regimes fascistas em Portugal e na Espanha e a ditadura militar na Grécia, lembrando que o fascismo não havia acabado após a vitória dos Aliados, e a Europa que se dizia democrática e liberal era transigente com esses governos. Por outro lado, esse internacionalismo organiza a solidariedade com as lutas anticoloniais e anti-imperialistas – no Vietnã, em Laos e no Camboja, contra os golpes de Estado militares, as ditaduras e as guerras de terror apoiadas pela CIA na América Central e do Sul, contra as intervenções militares na África e as políticas neocoloniais do Estado francês nos departamentos ultramarinos. Enquanto os laços entre fascismo, Estado, militarismo e imperialismo são objeto de novas análises, a difusão de textos de teóricos/as e militantes nessas lutas torna-se um imperativo. Nos movimentos feministas no Norte, os debates são intensos sobre a legitimidade da participação nas lutas armadas: algumas criticam o virilismo inerente às armas, contrário aos valores feministas; outras defendem o manejo de armas pelas mulheres,[1] considerando que a tortura, o encarceramento, o assassinato, o desaparecimento de militantes e o estupro como arma de tortura e guerra são o nexo infalível entre misoginia e dominação.

Na França, grupos do Mouvement de Libération des Femmes (MLF) juntam-se a essas mobilizações e publicam em seus jornais e revistas textos sobre a ação das mulheres nas lutas antifascistas

---

[1] Esse debate também tratará da presença de mulheres em grupos armados na França, na Itália e na Alemanha nos anos 1970–80. Ver Ulrike Meinhof, *Mutinerie et autres textes: déclarations et analyses des militants de la Fraction Armée Rouge emprisonnés à Stammheim*. Paris: *des femmes*, 1977; Fanny Bugnon, "Quand le militantisme fait le choix des armes: les femmes d'Action Directe et les médias". *Sens Public*, 2009.

e anti-imperialistas. Evitando proclamar uma sororidade abstrata, em que todas as mulheres têm os mesmos interesses e as mesmas formas de luta, esse internacionalismo feminista estimula, apoia e acompanha as lutas antirracistas, anticapitalistas, antifascistas e anti-imperialistas e, ao mesmo tempo, sua despatriarcalização. Manifesta-se por atos concretos – organização de encontros internacionais, petições, publicações, criação de refúgios e santuários clandestinos, produção de documentários, apoio financeiro, adoção de filhos/as de militantes assassinados/as, proteção contra a repressão, troca de informações, apoio aos prisioneiros, aos torturados e às famílias de desaparecidos/as – e também desenvolvendo e difundindo teorias e análises. Questiona o machismo dos movimentos revolucionários, estimula a escrita da história que privilegia a voz dos/as "anônimos/as" e dos coletivos e procura produzir suas próprias representações. Para as feministas, a solidariedade anti-imperialista torna-se um imperativo, traduzir textos e divulgá-los, uma necessidade. Na França, entre 1973 e 1978, chegaram a treze as coleções especializadas criadas por grandes editoras. Se todas são denominadas pela categoria abstrata de "mulheres", a editora *des femmes* [das mulheres], fundada em 1974, anuncia claramente suas intenções, lançando a coleção Femmes en luttes de tous les pays [Mulheres em lutas de todos os países]. É dessa política editorial que trataremos aqui.

Em abril de 1974, as fundadoras da editora *des femmes* declaram que seu objetivo é contrapor-se às iniciativas editoriais capitalistas e "falocratas" e "publicar o recalque das editoras burguesas".[2] Que tipo de recalque está presente na coleção

---

2 Citado em Bibia Pavard, "Femmes, politique et culture: les premières années des Éditions des femmes (1972–1979)". *Bulletin Archives du Féminisme*, n. 8, 2004. Disponível on-line. Pavard recorda que, em 1972, o Psychanalyse et Politique criou um "grupo edição" para refletir sobre esse

Femmes en luttes de tous les pays? Na lista dos 41 títulos da coleção apresentada no site da editora,[3] *Odyssée d'une amazone* (Ti-Grace Atkinson, 1975) e *Três guinéus*[4] (Virginia Woolf, 1977) aparecem ao lado de textos de militantes do Sul global, que, para mim, são o que torna interessante a coleção. Entre eles, oito têm uma capa distintiva: uma foto pequena, quadrada, colorida (no mais das vezes, um grupo de mulheres), sob a qual, em itálico, há a inscrição *femmes en luttes de tous les pays*, o título em letras vermelhas, manuscritas, o subtítulo em letras pretas e, embaixo, à esquerda, o nome da editora, *des femmes*, seguido de um traço preto sob o qual está escrito, embaixo, à direita, "para cada uma". No mais das vezes, o nome das militantes que reuniram os testemunhos publicados na coleção não aparece nem na capa, nem na quarta capa, nem dentro da obra.[5] Nessa época, a maioria dos grupos feministas rejeitava a política de assinatura individual em seus jornais e revistas. A ideia de personalizar um trabalho visto e vivido como coletivo não lhes passaria pela cabeça.[6]

projeto. Um encarte publicado em *Le Torchon Brûle*, jornal do Mouvement de Libération, declarou: "Somos um certo número de pessoas querendo tentar editar nós mesmos os textos que escrevemos". A editora não será "a do MLF, mas a des femmes", dirão as fundadoras na coletiva de imprensa realizada no hotel Lutetia em 1974. Pouco a pouco, a organização coletiva desaparecerá em proveito de uma organização vertical e hierarquizada.

3 Disponível em: desfemmes.fr/rubrique-essais/luttes-de-femmes.

4 Virginia Woolf, *Três guinéus*, trad. Tomaz Tadeu. Belo Horizonte: Autêntica, 2019. [N. E.]

5 É o caso, por exemplo, de *Des Chiliennes* [1982] e *Femmes et Russie* [1980], cujos depoimentos foram recolhidos por militantes do grupo Psy et Po.

6 É a política que seguem hoje certos grupos feministas (como Mwasi, les Locs e Pride Banlieue), as militantes da colagem feminista, grupos queer etc. E continua sendo a de grupos militantes como Les Soulevements de la Terre. Tornando-se "des femmes. Antoinette Fouque", a

Entre as obras dessa coleção, quero citar *Mujeres de Nicaragua*, de Paz Espejo [1980], *Tupamaras*, de Ana Maria Araújo [1980], *El Salvador: une femme du Front de Libération témoigne*, de Ana Guadalupe Martínez [1981], *Lettres à une idiote espagnole* e *Enfers* [Infernos], de Lidia Falcón, e *Des Chiliennes: des femmes en luttes au Chili*, de Carmen Gloria Aguaya de Sota [1982], às quais acrescento *Diario y cartas desde la carcel*, publicada em 1975 em outra coleção da mesma editora. Escolhi as que abordam mais diretamente as problemáticas sempre contemporâneas: as autoras se perguntam como resistir à repressão do Estado e como enfrentar a tortura. Elas lutam contra um capitalismo racial que fabrica vidas que não contam, majoritariamente as de mulheres indígenas, negras e racializadas. Elas se perguntam como mobilizar mais amplamente a sociedade contra o militarismo imperialista. Elas enfatizam a importância de analisar as causas de uma derrota ou encarar os perigos que rondam as vitórias e sublinham as dificuldades da clandestinidade e do exílio. Enfim, elas se mostram vigilantes de todas as divisões, como também dos sentimentos pessoais de abandono e isolamento que podem assaltar as lutas e os/as militantes. O recalque que as autoras enfrentam é o de uma teoria feminista política marcada pela tortura, pelo cárcere e pela luta armada pela libertação. Neste momento em que o capitalismo neoliberal racial e a crise climática que ele provocou, assim como o militarismo, colocam questões prementes às feministas antirracistas e decoloniais, a história desse recalque e a maneira como ele foi questionado nos anos 1970–80 despertam interesse.

Esses textos interpelam um feminismo ocidental e pacificador, que não traz as relações de classe para o centro das análises, não

editora renunciou a essa política e um trabalho que começou coletivo foi personalizado.

vê o imperialismo como o principal inimigo e não compreende a libertação nacional como um imperativo. Contra um internacionalismo liberal que presume uma sororidade universal abstrata, as autoras dessas obras e as mulheres cujas palavras são reunidas afirmam um internacionalismo que defende a soberania nacional e uma solidariedade transnacional. Ainda não se trata da homofobia e da lesbofobia dentro dos grupos armados, os direitos dos povos autóctones são apenas parcialmente abordados em *Mujeres de Nicaragua* e o racismo estrutural e a branquitude nas Américas Central e do Sul não são nem sequer mencionados. A fé na legitimidade das lutas populares manifestada nessas obras pode parecer antiquada, mas isso aconteceu após décadas de ataques contra as lutas de libertação nacional e da promoção de certo individualismo neoliberal. Em contrapartida, as análises que elas oferecem do autoritarismo de governos oriundos dessas lutas, de sua branquitude, de seu sexismo, de sua misoginia e homofobia, ou ainda de sua submissão ao neoliberalismo, renovaram o campo teórico feminista sobre o anti-imperialismo, o racismo estrutural e a patriarcalização.[7]

Faço um parêntese aqui: evocar a editora *des femmes* por uma de suas coleções é também se confrontar com as críticas dirigidas às mulheres que as criaram, o grupo Psychanalyse et Politique (Psy et Po) e Antoinette Fouque. É legítimo estudar o nascimento da editora, a origem do capital que financiou as viagens, a organização dos encontros, a criação e a promoção de várias iniciativas – livrarias, jornais, revistas, edições – ou questionar as escolhas editorias e o papel de Antoinette Fouque

---

7 Ana Maria Araújo é sem dúvida a que leva mais longe essa autocrítica em *Tupamaras. Des femmes de l'Uruguay*. Paris: *des femmes*, col. Femmes en luttes de tous les pays, 1980.

em tudo isso. A análise crítica e materialista (e não moralista) do papel das fortunas pessoais ou do financiamento de movimentos sociais ou revolucionários pelo Estado faz parte da história dos movimentos.[8] Mas é a produção livresca que desejo abordar aqui. Editar é um ato político e as políticas editoriais têm importância. Basta pensar na das editoras François Maspero e Minuit na segunda metade do século xx. Não surpreende que elas tenham sido alvo de censura do Estado. Também não surpreende que nos últimos tempos se venha observando uma ofensiva de bilionários abertamente reacionários para se apropriar de redes de televisão, rádio, editoras e circuitos de distribuição, ou um Estado tentando restringir as opiniões contrárias à sua política, ameaçando dissolver movimentos ou atacando teorias (decolonial, de gênero etc.). A difusão de ideias anticapitalistas, anti-imperialistas, abolicionistas e decoloniais sempre representou um perigo para o Estado burguês.

O que representou a coleção Femmes en luttes de tous les pays durou apenas duas décadas, a meu ver. No fim dos anos 1980, o feminismo civilizacional e de Estado encontrou uma base mais sólida em nível nacional e internacional. E lutas ideológicas muito duras dentro do MLF, atiçadas pela apropriação da sigla pelo Psy et Po em 1979, afastaram as mulheres do MLF. Muitas militantes sofreram com a indiferença às suas condi-

---

8 Historicamente, movimentos sociais e revolucionários receberam apoio financeiro de figuras afortunadas. Também inventaram outras fontes de renda, como cotizações, fundos de greve, coletas de doações, criação de empresas cooperativas, venda de jornais, obras artísticas e outros produtos. Também atacaram bancos. Esses apoios, no entanto, nunca chegaram ao nível de doações que os bilionários fazem a movimentos, *think tanks, lobbies* ou gabinetes de conselho reacionários ou de extrema direita que financiam campanhas contra o aborto, contra os imigrantes, contra os gays, contra os sindicatos, contra a justiça ambiental etc.

ções específicas, com a verticalidade ou com a violência que podia dominar as relações dentro dos grupos feministas. Essas lutas eram muito intensas, pois os debates trouxeram à tona enormes diferenças nas abordagens teóricas e práticas sobre a libertação social e política, assim como sobre a concepção das prioridades das lutas. Elas surpreendem apenas quem tem uma visão ingênua dos movimentos políticos e acredita numa sororidade ilusória e abstrata. Achar que os debates dentro dos movimentos feministas deveriam ser tranquilos por natureza, porque envolvem mulheres, é negar a importância das ideias e do investimento emocional e afetivo nos objetivos de libertação. Acontecimentos externos também afetaram os movimentos sociais. Na França, a eleição de François Mitterrand em 1981 abriu oportunidades de carreira para as feministas, enquanto a "guinada do rigor" levou a privatizações e ao encerramento de atividades em fábricas que atingiram especialmente as mulheres (nos setores têxtil e doméstico) e as condenaram ao desemprego ou a trabalhos terceirizados. O recalque do passado colonial da França, a apropriação dos movimentos antirracistas pelos socialistas, a progressão das políticas racistas anti-imigração, o triunfo do neoliberalismo de Estado com as vitórias de Margaret Thatcher e Ronald Reagan transformaram o terreno das lutas, que viu surgirem novas formas de conflito. Por exemplo, o das pessoas com aids contra a estigmatização e o abandono do qual foram objeto por parte dos Estados, que as deixaram morrer. Ao longo desses anos de ofensiva neoliberal que impactaram fortemente as mulheres das classes populares e racializadas, a editora *des femmes* não participou da crítica ao capitalismo e ao racismo estrutural e as editoras feministas não foram objeto de ataques diretos do Estado. O entusiasmo gerado pela coleção Femmes en luttes de tous les pays dissipou-se numa adesão a um

A coleção Femmes en luttes de tous les pays **41**

feminismo que não criticava sua própria colonialidade. Pois se a solidariedade com o combate das mulheres contra o fascismo e o autoritarismo europeu, contra as violências sexuais e sexistas e contra as ditaduras expressou-se em inúmeras publicações, o colonialismo republicano, o pós-vida da escravidão e do colonialismo e o racismo estrutural não foram abordados nessa coleção.[9]

No fim dos anos 1970 e início dos anos 1980, nunca hesitei em levar para a ilha da Reunião exemplares de *Journal et lettres de prison*, de Eva Forest [1975], *Mujeres de Nicaragua*, de Paz Espejo [1980], *Tupamaras*, de Ana Maria Araújo [1980], *El Salvador: une femme du Front de Libération témoigne*, de Ana Guadalupe Martínez [1981], *Des Chiliennes*, de Carmen Gloria Aguaya de Sota [1982], *Sitt Marie Rose*, de Etel Adnan [1978], ou ainda *Mulheres, raça e classe*, de Angela Davis [1983].[10] Levava-os para a Union des Femmes de la Réunion (UFR), que os expunha em seu estande, durante a festa do jornal do Partido Comunista Reunionense, o *Témoignages*, que acontecia no mês de dezembro. Eu levava livros que poderiam ter sido publicados por feministas decoloniais reunionenses, se a colonialidade republicana não tivesse imposto obstáculos sistematicamente ao desenvolvimento autônomo da ilha e, portanto, à criação

9 Revistas feministas prestavam conta das lutas das mulheres em Guadalupe e na Martinica, mas as editoras feministas não. Em 1982, a editora Tierce publicou uma obra sobre um sindicato das domésticas, porém da América do Sul. Com *Femmes arabes et soeurs musulmanes*, de Denise Brahimi [1984], *Sexe, idéologie, Islam*, de Fatima Mernissi [1987], e *Continents noirs*, de Awa Thiam [1987], a Tierce apresentou ao seu público problemáticas feministas não europeias, mas que não abordavam a colonialidade republicana nos departamentos "ultramarinos". Esses livros eram encontrados na editora L'Harmattan.

10 Angela Davis, *Mulheres, raça e classe*, trad. Heci Regina Candiani. São Paulo: Boitempo, 2016. [N. T.]

de editoras locais engajadas. (De passagem, eu também reduzia consideravelmente o custo de transporte desde a França.) Essas obras, na opinião dessas leitoras reunionenses, não defendiam "uma lógica distintiva, que colocasse as mulheres do lado da cultura e da defesa da vida e baseasse a solidariedade com as prisioneiras políticas na defesa de uma cultura 'mulher'".[11] Elas faziam uma leitura própria e sabiam perfeitamente que a solidariedade com as mulheres em luta não se apoiava numa "cultura mulher". Os combates que elas enfrentavam na Reunião as haviam endurecido. A leitura que elas faziam não era determinada pela personalidade de Antoinette Fouque.

Antifascismo e feminismos

Em 1975, Femmes en luttes de tous les pays publicou Lidia Falcón e Eva Forest, duas militantes que foram sequestradas, torturadas e presas nas prisões franquistas. Falcón, filha de militantes comunistas, advogada e militante antifranquista, foi presa em setembro de 1974, quando preparava uma manifestação feminista na Espanha.[12] Seu livro, *Lettres à une idiote espagnole*, escrito na

11 Irène Gimenez, "Les prisonnières politiques ne sont-elles pas des femmes? Construire des solidarités féministes transnationales avec les prisonnières politiques en sortie de dictature (État espagnol, années 1970–1980)", in Natacha Chetcuti-Osorovitz e Sandrine Sanos, *Le genre carcéral: pouvoir disciplinaire, agentivité et expériences de la prison du xixe au xxie siècle*. Gif--sur-Yvette: Éditions des Maisons des Sciences de l'Homme Associées, 2022.
12 Sobre Lidia Falcón, ver Allison Taillot, "Féminisme et générations en Espagne: le féminisme génétique de Lidia Falcón". *HispanismeS*, n. 8, 2016; e partidofeminista.es. Fundadora do Partido Feminista da Espanha em 1981 e de jornais feministas, Lidia Falcón publicou numerosos livros e peças de teatro. Em 2019, a Federação da Plataforma Transgênero apresentou queixa

prisão, fala da opressão das mulheres em todos os meios sociais. A idiota é sua amiga Eva Forest, que ela chamava assim por ter cometido a loucura de se opor ao franquismo. O grito de guerra que encerra essas cartas – "Guerra [...] À morte à mentira, à hipocrisia, à imbecilidade, ao embuste, ao abuso [...]. Guerra aos exploradores! [...] Guerra, Eva!" – mostra que essa "idiotice" constitui um ataque radical a uma paz destruída pelo terror e pela tortura. Em *Enfers*, Falcón relata as condições de detenção em Yeserias, a prisão feminina de Madri, e dá voz tanto às presas políticas quanto às de direito comum. Um ato em consonância com a reivindicação das lutas anticarcerárias, que rejeitavam essa distinção: todas as detentas são presas políticas, porque é o capitalismo patriarcal que declara que elas cometeram "crimes". Falcón dedica *Enfers* às "mulheres num mundo masculino de coturnos, revólveres, grades, gritos, mau humor, risadas obscenas" e observa que "os heróis estão nas prisões masculinas. Não há epopeia dos prisioneiros e dos mártires para as mulheres. A imprensa, a literatura, o cinema as ignoram. Elas não geram interpelações no Parlamento, nem manifestos, nem *meetings*". Ela, que "visitou os corredores do inferno", diz ter "estado em contato estreito e doloroso com a miséria, o esquecimento, a doença, a loucura, o desejo materno frustrado, a infância malnutrida, o silêncio, a cegueira, as feridas e a morte, em comércio íntimo e incrivelmente fraternal com o sacrifício, o amor e a amizade".[13]

contra ela, acusando-a de discurso de ódio por se opor ao uso de agentes bloqueadores e à punição dos pais que se recusam a atestar a identidade de gênero autodeclarada de seus filhos ou filhas. Ver Lidia Falcón, "Women Are Being Erased from the Law and Public Policy". *WPUK*, 2020.

13 Em *Le Quotidien des femmes*, jornal lançado pela editora *des femmes*. Pela *des femmes*, Eva Forest publicou também *Témoignages de lutte et de résistance* [1978].

Diario y cartas desde la carcel reúne o diário de Eva Forest e cartas que ela escreveu aos seus filhos enquanto se recuperava das torturas que sofria.[14] Acusada de cumplicidade em atentados contra figurões do regime fascista com cerca de quinze camaradas, Eva Forest foi presa em 25 de setembro de 1974, torturada e mantida em segredo durante nove dias nas instalações da Direção-Geral de Segurança, unidade da polícia franquista da qual as pessoas saíam com "os pés juntos ou, na melhor das hipóteses, em péssimo estado",[15] como dizia Alejandro Diz, membro da Frente Revolucionario Antifascista y Patriota (FRAP) que também conheceu aqueles locais. No prólogo, ela diz que "se trata de um livro *de circunstância*. Um livro pretexto para chamar atenção a um problema coletivo, um *livro de solidariedade*, em resumo".[16] Na França, diante da ameaça de condenação à morte de militantes pelos tribunais franquistas, a solidariedade se intensifica. Em 5 de outubro de 1975, grupos

---

14 Dois desenhos de sua filha, Eva, são reproduzidos na capa e na quarta capa. Mostram um rio, cavalos em liberdade, um enorme sol e, cercado por um muro, um prédio com grades nas janelas e um homem de uniforme vigiando a entrada, na qual está escrito "Prisão". No fim do livro, há um depoimento de Maria Luz Fernandez, uma professora de ensino fundamental de 23 anos que ficou 114 dias detida em segredo nas instalações da polícia franquista, e a reprodução de uma carta manuscrita de Eva Forest.
15 Isabelle Galichon, "Le devenir-victime d'Eva Forest face à la torture". *Nuevo Mundo Mundos Nuevos: Questions du Temps Présent*, 11 jun. 2015. Disponível on-line.
16 E. Forest, *Diario y cartas desde la carcel: journal et lettres de prison*, traduzido do espánhol pelo coletivo de tradução da editora *des femmes*. Paris: *des femmes*, 1976, p. 11, itálicos no original. No mesmo prólogo, ela assinala que a leitura de uma petição de solidariedade no jornal *Le Monde*, em 23 de outubro de 1974, foi "uma das primeiras aragens de otimismo que chegou de fora". Um espaço publicitário assinado por milhares de mulheres de diferentes países fora comprado no *Le Monde*.

do MLF convocam uma manifestação de mulheres em Hendaye, na fronteira com a Espanha: "Cinco homens foram assassinados recentemente por Franco, o mais velho companheiro de Hitler e Mussolini. [...] Há urgência, o tempo é curto. [...] Elas estão, eles ainda estão vivos nas prisões. Nossa força, nossa vontade, nosso amor devem salvá-los".[17]

A publicação de *Journal et lettres de prison*, que é uma das expressões dessa solidariedade, não foi unanimidade entre prisioneiras e militantes bascos e espanhóis. Eles/as criticaram a defesa das presas políticas enquanto "mulheres" e a atenção da autora com Falcón; acusaram Forest de negligenciar a situação das prisioneiras das classes populares.[18] As militantes antifranquistas desconfiavam de um feminismo que elas consideravam burguês, que não apoiava a luta armada e que não levava suficientemente em conta a importância da luta de classes.[19] Por outro lado, a maneira como o fascismo mirava as mulheres não estava ainda completamente teorizado e a participação delas nas lutas armadas gerava debates. O conceito de "fascismo sexual", criado "a partir de testemunhos sobre as torturas sofridas pelas

---

17 Citado em Nalu Faria, "Féminisme internationaliste et solidaire pour renverser l'autoritarisme". *Capire*, 1º de outubro de 2021. Ver também os documentários de Carole Roussopoulos e Ioana Wieder, *La marche des femmes à Hendaye*, Video Out/Les Muses s'Amusent [1975], e *Manifestation à Hendaye, 5 octobre 1975*, Video Out/Les Muses s'Amusent [1975]. Esses documentários, feitos a partir das mesmas tomadas, estão disponíveis na Bibliothèque Nationale de France, Numav-661333 s.
18 I. Gimenez, "Les prisonnières politiques ne sont-elles pas des femmes?", op. cit.
19 Algumas feministas criticaram o apoio à luta armada na Espanha e escreveram: "o importante leque de forças políticas de esquerda que consideram a violência armada um erro no momento atual, entre as quais, *é claro*, encontra-se o movimento feminista". Citado em I. Gimenez, "Les prisonnières politiques ne sont-elles pas des femmes?", op. cit.

mulheres", apareceu somente em 1976, "na revista *Vindicación Feminista*".[20] Será discutido no "Tribunal Internacional de Crimes contra as Mulheres, em Bruxelas, reunido em 1976 e do qual participou uma delegação espanhola (em especial a seção feminina do FRAP, Lidia Falcón), [que] oferece ao mesmo tempo um contexto de escuta de depoimentos e um contexto de elaboração de ferramentas conceituais para descrever a inscrição das violências ditatoriais nas lógicas patriarcais".[21]

"A luta das mulheres é uma luta global"[22]
Imperialismos e feminismos

Em 1980 e 1981, saem pela coleção quatro obras que tratam da participação de mulheres nas lutas armadas na América Central e do Sul: elas relatam os obstáculos que as militantes encontraram, o machismo nos movimentos, o peso reacionário da Igreja, mas falam também dos laços entre o catolicismo e o marxismo, da sexualidade, da maternidade na prisão e na clandestinidade, do exílio, das razões da derrota ou da vitória, e das novas dificuldades decorrentes dos combates: *Mujeres de Nicaragua*; *Tupamaras*; *El Salvador: une femme du Front de Libération*

---

20 Ver Gila Claudia Jereno, "La revue Vindicación Feminista (1976–1979) et le feminisme radical espagnol dans un contexte transnational: actrices, échanges et influences", tese de doutorado em estudos hispânicos e de gênero, sob a orientação de Mercedes Yusta Rodrigo e Pilar Diaz Sanchez, Universidade Paris 8 e Universidad Autónoma de Madrid, 2019; Diana E. H. Russel e Nicole van de Ven, *Crimes Against Women: Proceedings of the International Tribunal*. Berkeley: Russell, 1976 e 1990.

21 I. Gimenez, "Les prisonnières politiques ne sont-elles pas des femmes?", op. cit.

22 A. M. Araújo, *Tupamaras. Des femmes de l'Uruguay*, op. cit., p. 21.

témoigne; e *Des Chiliennes*.²³ Para as autoras, esses livros são "o resultado de um esforço coletivo e militante", fazem "parte de uma experiência concreta que todos os que se envolveram nas ações revolucionárias deveriam discutir e analisar".²⁴

Todas viam a criação de um exército de libertação como uma necessidade, porque as classes dirigentes recusam toda forma de democracia e as milícias dos grandes proprietários e os esquadrões da morte espalham o terror.

> Todo dia, toda manhã, nos caminhos, nos lixões, encontram-se corpos de olhos vazados, torturados, cortados vivos, decapitados, submetidos aos tormentos mais abomináveis antes de serem mortos. Professores de ensino primário são assassinados simplesmente porque se juntaram a um sindicato. A barbárie é tal que um militante não tem mais medo de morrer, mas vive apavorado pela ideia de ser capturado vivo.²⁵

"A participação das mulheres na luta armada rompeu o mito da passividade e da não violência feminina." Todas provaram ter imensa coragem²⁶ e ganharam direitos onde "'os colhões' não assumiram nenhum papel determinante".²⁷ Também se con-

---

23 Paz Espejo, *Mujeres de Nicaragua*. Paris: *des femmes*, col. Femmes en luttes de tous les pays, 1980; A. M. Araújo, *Tupamaras. Des femmes de l'Uruguay*, op. cit.; Ana Guadalupe Martínez, *El Salvador: une femme du Front de Libération témoigne*. Paris, *des femmes*, col. Femmes en luttes de tous les pays, 1981; Carmen Gloria Aguaya de Sota, *Des Chiliennes*, pref. de Ana Vasquez. Paris: *des femmes*, col. Femmes en luttes de tous les pays, 1982.

24 A. G. Martínez, *El Salvador*, op. cit., p. 36.

25 Oscar Martínez Peñate, *Le soldat et la guérillera: une histoire orale de la guerre civile au Salvador*. Paris: Syllepse, 2018, pp. 14–26.

26 A. M. Araújo, *Tupamaras*, op. cit., p. 258.

27 P. Espejo, *Mujeres de Nicaragua*, op. cit., pp. 80–81.

frontaram com o sexismo e o patriarcado dentro dos movimentos, foram confinadas a papéis de gênero, foram dessexualizadas ou hipersexualizadas.[28] Detidas, foram percebidas pela polícia como indignas de serem qualificadas de "mulheres", mas ao mesmo tempo foram humilhadas enquanto mulheres, imediatamente desnudadas, ameaçadas de estupro, estupradas, privadas de água para se lavar, de absorventes, de roupas. "Cada vez que eu queria ir ao banheiro, eu tinha de pedir. [...] Eles me soltavam do botijão de gás e ficavam lá, me vigiando. Eu não podia nem mesmo urinar tranquila. Eu não podia vê-los, porque estava com os olhos vendados, mas ouvia todas as obscenidades que eles diziam."[29] Na prisão, elas passaram fome, sede, sofreram torturas, tiveram depressão, adoeceram. Isso não as impediu de organizar uma universidade, se apoiar, fazer greve para obter direitos. Elas têm consciência de que "haverá avanços e retrocessos, como em toda luta... Mas haverá muita lucidez, muito amor e uma profunda convicção revolucionária".[30]

"Comandante" como Ana Guadalupe Martínez, soldadas ou militantes como as entrevistadas de *Des Chiliennes*, *Tupamaras* ou *Mujeres de Nicaragua*, todas manifestam certa desconfiança de um feminismo europeu que não é anticapitalista ou que, por causa de uma concepção rígida da laicidade, nega a importância da teologia da libertação ou o papel das espiritualidades afrodescendentes ou nativas. Os feminismos dessas mulheres não têm as mesmas trajetórias.[31] Elas denunciam o sexismo de diri-

---

28 Ibid., pp. 260 e 166.

29 A. G. Martínez, *El Salvador*, op. cit., p. 74.

30 Ana Maria Etcheverria, "Préface", in A. G. Martínez, *El Salvador*, op. cit., p. 31.

31 A. M. Araújo, *Tupamaras*, op. cit., p. 22.

gentes icônicos, como o Che,[32] mas também o celebram, porque ele falou "do amor revolucionário num continente de violência".[33] Elas questionam a política natalista da esquerda latino-americana e dos governos, enquanto a realidade são "crianças desmaiando de fome na escola, crianças sem sapato, mulheres grávidas em estado de má nutrição grave".[34] Dizem que o aporte teórico e político das mulheres na prisão nunca foi solicitado ou considerado. Analisando em detalhes as causas de uma derrota ou de uma operação armada malsucedida, elas fazem uma autocrítica militante e política. "A luta das mulheres é uma luta global, pois coloca em pauta a totalidade do ser humano, suas relações sociais, sua educação, sua sexualidade, com uma força e uma violência capazes de subverter o sistema inteiro."[35]

O exílio e a clandestinidade estão no centro de *Des Chiliennes*. No prefácio, Ana Vasquez, exilada na França após o golpe de Estado militar em 11 de setembro de 1973, apoiado pela CIA, fala sobre os Centros de Madres, uma organização que, segundo ela, suscitava ressalvas da parte dos grupos militantes chilenos, que a consideravam "caridade disfarçada, paternalismo, um movimento despolitizado".[36] Ela vê nessa rejeição uma negação da esquerda marxista, na qual "havia uma opinião mais ou menos generalizada de que os problemas das mulheres eram explicados pela luta de classes e estavam ligados a uma contradição secundária".[37] A terceira parte do livro reúne depoimentos de mulheres que se encontraram clandestinamente nos dias 12 e

32 Ibid., pp. 130–33.
33 Ibid., p. 128.
34 C. G. A. de Sota, *Des Chiliennes*, op. cit., p. 196.
35 A. M. Araújo, *Tupamaras*, op. cit., p. 21.
36 C. G. A. de Sota, *Des Chiliennes*, op. cit., p. 20.
37 Ibid., pp. 22–23.

13 de dezembro de 1981 num convento da periferia de Santiago, a pretexto de um retiro espiritual e sob a proteção da madre superiora e das freiras.[38] Esses depoimentos foram recolhidos por duas militantes do grupo Psy et Po que haviam sido convidadas para o encontro e, em seguida, sempre clandestinamente, se reuniram com grupos de mulheres nas *poblaciones*.[39]

Reler essas obras quarenta anos após sua publicação nos faz vislumbrar que o desmantelamento do capitalismo racial e dos imperialismos é uma luta de longo prazo. Em 1990, dez anos após o lançamento do livro de Ana Guadalupe Martínez, e com o país ainda em guerra, eu e duas militantes fomos convidadas pelo grupo Mujeres por la Vida y la Dignidad a ir a El Salvador. Pude constatar que suas análises ainda eram pertinentes. O grupo queria que recolhêssemos depoimentos de mulheres em luta contra a guerra financiada pelo imperialismo estadunidense. O Exército e as milícias salvadorenhas, ajudados pela CIA, eram responsáveis por torturas, assassinatos e massacres, e o grupo Mujeres por la Vida y la Dignidad queria denunciar as ofensas sexuais e racistas. Em face dos esquadrões da morte, que gozavam de impunidade total, lembrando que o fascismo sexual continuava sendo fonte de uma política racista e sexista, as militantes desenvolviam uma política de vida e dignidade.[40]

---

38 Com efeito, o Exército foi ao convento, exigiu ver a madre superiora e verificar se se tratava realmente de um retiro espiritual.

39 Essas duas militantes entregaram fitas cassetes e negativos de fotos a um diplomata francês que enviou o material à França por mala diplomática. E, de fato, elas foram minuciosamente revistadas no aeroporto.

40 No caminho para um vilarejo situado nas montanhas onde as camponesas haviam se organizado em cooperativa, a várias horas da capital, fomos paradas por oficiais do Exército salvadorenho. Suspeitas de levar ajuda ao FMLN [Frente Farabundo Martí para la Liberación Nacional], fomos conduzidas à prisão de San Salvador e interrogadas. A imediata

Neste breve esboço de certa política editorial dentro do MLF nos anos 1970–80, vemos emergir as formas de uma revolução feminista antipatriarcal, antirracista, anticapitalista e anti- -imperialista da qual a greve das mulheres na Argentina pode ser vista como um exemplo contemporâneo, mas também os conflitos e contradições que atravessaram e continuam a atra- vessar os feminismos. As traições dos combates desses anos, os recuos, as derrotas não apagam os saberes, as memórias e as análises que decorrem deles. E o feminismo anti-imperialista é ainda uma necessidade. Hoje, as lutas contra a ocupação da Palestina, a solidariedade com a revolução feminista no Irã, com as lutas de mulheres na Índia, Turquia, Ucrânia, Canadá, Brasil, Argentina, África do Sul, Argélia, Curdistão e em todas as par- tes são muito mais conhecidas. A crítica do feminismo civili- zacional, do feminacionalismo, do *pinkwashing* é largamente difundida. Afrofeministas, feministas queer, trans, feministas islâmicas, muçulmanas, autóctones, ambientalistas antirracis- tas renovam de maneira dinâmica os debates sobre a teoria e a prática feministas pela libertação. As lutas contra as violên- cias sexistas e sexuais abriram um novo campo de conflito, o feminismo abolicionista se opõe ao feminismo carcerário, os movimentos contra o racismo ambiental contestam a ecologia branca. A pandemia de covid-19 e as violências policiais trou- xeram à tona um racismo estrutural e o fato de que as mulheres negras e racializadas ocupam majoritariamente os postos de trabalho mais expostos a doenças, a injustiças de classe e raça

solidariedade do grupo Mujeres por la Vida y la Dignidad, em nível local e internacional, fez com que fôssemos liberadas dois dias depois, assim como os dois salvadorenhos que estavam nos acompanhando (uma moça e um rapaz), dos quais fomos imediatamente separadas logo após a deten- ção e com os quais ficamos muito preocupadas.

52 Françoise Vergès

em relação à saúde e à violência. As refugiadas e as imigrantes abrem novas linhas de frente, surgem contradições, mostrando que nenhuma luta política acontece numa conjuntura harmônica. Hoje, a profusão de títulos e traduções mostra que ainda existe uma expectativa de políticas editoriais que permitam apreender melhor as diferentes teorias feministas e conhecer melhor as formas que as lutas de mulheres adquirem em cada país – a fim de revigorar um genuíno internacionalismo das lutas e das ideias.

TRADUÇÃO Mariana Echalar

A MATERNIDADE PELA ÓTICA DAS YABÁS

Djamila Ribeiro

DJAMILA RIBEIRO nasceu em Santos, em 1980. Mestre em filosofia política pela Universidade Federal de São Paulo, é editora da Coleção Feminismos Plurais, e autora de *Lugar de fala* (Letramento, 2017) e de *Quem tem medo do feminismo negro?* (2018), *Pequeno manual antirracista* (2019) e *Cartas para minha avó* (2021), publicados pela Companhia das Letras – os três primeiros livros também foram lançados em francês. Em 2023, recebeu o Prêmio Franco-Alemão de Direitos Humanos.

Nota à edição brasileira

Escrito em outubro de 2023 para o público francês, este texto se tornou parte fundamental de um esforço maior que tenho empreendido para a valorização dos saberes de terreiro e da perspectiva dos orixás no candomblé brasileiro. Em particular, ele traz para o centro do debate as epistemologias das yabás, os orixás femininos, como Nanã, Iemanjá, Oxum, entre outras, para então refletir sobre a maternidade pela multiplicidade de perspectivas que cada uma nos apresenta em seus arquétipos.

Os saberes de terreiro não são apenas locais ou restritos a um contexto religioso: eles possuem uma potência universal, capaz de dialogar com questões globais. Ocorre que ainda é necessário muito esforço para que essas reflexões alcancem outros povos e para que um feminismo do Sul global, marcado pelos saberes do terreiro brasileiro, seja conhecido no cenário internacional.

Nesse lugar estranho que é a arena da edição internacional, feministas negras brasileiras enfrentam desafios para divulgar, por exemplo, Lélia Gonzalez, que, ainda que tenha elaborado suas reflexões na década de 1980, segue na vanguarda do debate feminista.

É verdade que estamos em desvantagem em termos de publicação de artigos e livros com provocações construídas sobre os passos que vêm de longe de Luiza Bairros, Nilma Lino Gomes, Alzira Rufino, Sueli Carneiro, Cida Bento, Zélia Amador de Deus, Matilde Ribeiro, entre tantas outras. Também estamos em desvantagem e temos de explicar quem foram Mãe Stella de Oxóssi, Mãe Nitinha, Mãe Senhora, Mãe Menininha do Gantois, Mãe Olga do Alaketu, Mãe Beata, a minha própria mãe de santo, Mãe Márcia de Obaluaiê, entre tantas e tantas outras.

Mas temos seguido esses passos de longe, abrindo caminhos com as armas que temos nas mãos. Evocando Lélia Gonzalez, "o lixo vai falar e numa boa". Depois de muito tempo sufocadas, nossas vozes vão seguir estilhaçando a máscara do silêncio, no dizer de Conceição Evaristo. Faço parte desse grupo de mulheres negras brasileiras que aproveitam as oportunidades que têm para semear as reflexões deixadas pelas nossas ancestrais divinizadas – na certeza de que virarão uma mata que intrigará nossas colegas internacionais pelos mistérios que (não) revela.

Espero que meu texto contribua para uma maior valorização dos saberes de terreiro e das epistemologias afro-brasileiras, da mesma forma como o feminismo africano e o de outras matrizes contribuem para a desestabilização do cânone patriarcal e racista.

Como nos ensinam os orixás, o conhecimento é um rio que nunca para de correr. É nosso dever garantir que suas águas sigam fluindo e, onde quer que sua passagem seja bloqueada, que elas se infiltrem, inspirando mulheres de todo o mundo na resistência contemporânea às políticas coloniais de tradução e publicação.

Pirassununga, fevereiro de 2025

A Exu, o dono do mercado

Introdução

Um itã ou *itan* são histórias sobre os orixás, divindades cultuadas no candomblé, que, por sua vez, é uma religião de origem yorùbá, nascida na região que atualmente compreende Nigéria, Benin e Togo. Como resultado dos séculos de tráfico negreiro que sustentou a escravidão no Brasil, o candomblé conservou suas raízes, mas assumiu uma identidade brasileira. Por exemplo, Iemanjá, divindade com origens nas terras de Abeocutá, atualmente na Nigéria, tem domínio sobre as águas doces, mas no Brasil é a rainha do mar e banha seus filhos e filhas com ondas de águas salgadas.

Passados de geração para geração, alguns itãs têm milênios de idade. São eles que nos ligam aos ancestrais, com quem aprendemos o passado e enxergamos o presente. Para muitos filhos e filhas dos orixás, os itãs são fatos que ocorreram e foram responsáveis pela divinização do ancestral. Para pesquisadores e pesquisadoras que mantêm a curiosidade pelo candomblé, trata-se de histórias cuja reunião forma a mitologia yorùbá. As origens de cada itã são diversas e há variações dentro de um mesmo itã, a depender de quem o conta. Além disso, alguns são muito mais populares que outros, pois há aqueles que estão eternizados em obras de antropólogos franceses, como Pierre Verger, e há outros que são ouvidos apenas por pessoas que frequentam *terreiros*, como são chamados os espaços de convivência e liturgia do candomblé. Há itãs que nasceram no Brasil, outros em Cuba, mas a maioria resistiu aos horrores do tráfico transatlântico e aportou no Novo Mundo, seguindo vivos e costurando comportamentos com a linha da sabedoria dos mais velhos, das mais velhas.

Os itãs são uma conexão poderosa com a divindade, que, por sua vez, está ligada à natureza. Segundo um itã registrado no livro *Mitologia dos orixás*, de Reginaldo Prandi,[1] Iemanjá, um orixá feminino (Yabá) nasceu da união de Obatalá, o Céu, com Odudua, a Terra. Iemanjá, as Águas, teve com seu irmão Aganju, a Terra Firme, um filho chamado Orungã, que nutria um amor incestuoso por sua mãe. Um dia, Orungã raptou-a e estuprou-a. Desesperada, Iemanjá conseguiu escapar, mas ele a perseguiu; "quando [Orungã] estava prestes a apanhá-la [novamente], Iemanjá caiu desfalecida". Segundo Prandi, ao desfalecer, "cresceu-lhe desmesuradamente o corpo,/ como se suas formas se transformassem em vales, montes, serras./ De seus seios enormes como duas montanhas nasceram dois rios,/ que adiante se reuniram numa só lagoa, originando adiante o mar".[2] Em seguida, o ventre de Iemanjá se rompeu e dele nasceram os orixás: Xangô, o senhor da justiça; Ogum, o orixá da guerra; Oyá, a senhora das tempestades e protetora das mulheres, e muitos outros. "Por fim, nasceu Exu, o mensageiro. Cada filho de Iemanjá tem sua história, cada um tem seus poderes",[3] completa o registro de Prandi.

Por ser mãe de muitos orixás e "rainha do mar", Iemanjá é amada no Brasil. Ela reina sobre todos os "oris". Ori é uma divindade que habita nossa cabeça – aliás, sua tradução mesma pode ser "cabeça", como também "destino". A Iemanjá pedimos serenidade, que lave nossos oris e guie nossos passos para acertarmos o rumo tanto de nossa vida como da vida das pessoas de nosso convívio. Sua adoração transcende os adeptos das religiões de

1 Reginaldo Prandi, *Mitologia dos orixás*. São Paulo: Companhia das Letras, 2001, p. 382.
2 Ibid.
3 Ibid., p. 383.

60 Djamila Ribeiro

matriz africana: Iemanjá é a divindade africana mais conhecida em nosso país, que, apesar de episódios cotidianos de racismo religioso, já instituiu como tradição, na virada de 31 de dezembro para 1º de janeiro, o pulo de sete ondas no mar para homenageá-la e trazer boa sorte para todo o ano. Ironicamente, dada sua popularidade entre os povos cristãos, boa parte das representações de Iemanjá é a de uma mulher branca de longos cabelos pretos, vestida com uma túnica azul, muito diferente da Iemanjá que chegou ao Brasil, aquela mulher preta de seios fartos.

A luta pela negritude da deusa africana segue em curso no Brasil e todo ano o tema vem à tona. Como afirma a feminista negra Carla Akotirene no texto "Salve Yemonja! A saúde de nossas cabeças":

> Yemonja é mãe. Iyabá, é ela quem confecciona a autoestima e beleza das mulheres, refletindo em sua própria vaidade preta, opulenta e de seios fartos, todos os significados estéticos fora da Europa. A mãe das águas gosta de receber flores e alfazema, ao mesmo tempo que tempera ao gosto do mar os agradecimentos recebidos pela saúde do ori (cabeça) de quem não sucumbe ao lunatismo nem se perde no mundo da lua, astro de sua ORIentação.
>
> Yemonja exerce influência nas marés baixas de quem pode ficar aluado ou totalmente perdido nesta diáspora africana que rompeu a história, a origem dos nossos verdadeiros nomes, nossas raízes, riquezas dos grãos e os conhecimentos transmutados em colonialidade do ser e colonialidade da natureza. Estou mencionando essas cabeças perdidas na conexão com seus caminhos espirituais.[4]

---

4 Carla Akotirene, "Salve Yemonja! A saúde de nossas cabeças". *Vogue*, 2 fev. 2021. Disponível on-line.

Suas festividades principais acontecem em 2 de fevereiro, data em que a multidão do "povo de santo", como são conhecidos os praticantes das religiões afro-originárias, lota a praia do Rio Vermelho, em Salvador, na Bahia, para levar flores com cravo e alfazema e muitos outros presentes a Iemanjá: estes são colocados em pequenos barquinhos e deixados à deriva no mar. A devoção à divindade vai além, permeando a cultura nacional e ecoando em clássicos da Bahia, como as obras de Jorge Amado, as músicas de Dorival Caymmi e as interpretações de Maria Bethânia. Seus cânticos transcenderam fronteiras, e essa expansão se reflete nos vários nomes que Iemanjá recebeu ao longo da história. Na tradição banto, as flores de 2 de fevereiro são para Dandalunda. Na umbanda, religião que é a síntese do sincretismo da fé negra com o cristianismo e as religiões indígenas, Iemanjá possui diversas denominações. Talvez as mais conhecidas sejam Iara e Janaína.

Um feminicídio ocorrido no Brasil recentemente me fez refletir sobre o itã do nascimento dos orixás filhos de Iemanjá: o de Janaína Bezerra, estudante negra de jornalismo na Universidade Federal do Piauí (UFPI), em Teresina, estado da região Norte do Brasil e um dos mais pobres do país. Filha de um pedreiro e de uma dona de casa, Janaína foi a primeira de sua família a ingressar no ensino superior e passou entre os cinco primeiros colocados no vestibular. Segundo sua mãe, o sonho dela era trabalhar na televisão. Janaína foi encontrada morta no campus da UFPI: estava sendo carregada por dois estudantes flagrados por um vigia. Estava repleta de hematomas e com sangue escorrendo pela virilha. A conclusão da polícia civil do Piauí é que Janaína foi estuprada duas vezes e teve o pescoço quebrado entre um estupro e outro. Mais tarde, no desenrolar das investigações, ficou evidenciado que Janaína veio a desfalecer no meio da madrugada e foi filmada repleta de sangue. Sua morte causou choque e comoção na universidade e em todo o estado, gerando políticas de proteção às mulheres e de combate à misoginia. Deixo minhas flores para Janaína, que caiu, mas que sua queda, assim como a de Iemanjá, seja a geração da guerra, da justiça e da luta das mulheres.[5]

Senioridade e poder feminino no candomblé

Falar de Iemanjá é importante para quem sabe muito pouco ou nada sobre ela e menos ainda sobre as tradições litúrgicas do candomblé brasileiro. Penso ser realmente importante que as pessoas do Norte global transcendam suas referências de mundo, uma questão de troca de saberes fundamental para o desenvolvimento de uma riqueza de pensamento. Em *A invenção das mulheres: construindo um sentido africano para os discursos ocidentais de gênero*,[6] a pensadora Oyèrónkẹ Oyěwùmí desenvolve um trabalho fundamental que mostra que pensar em gênero a partir da oposição hierarquizada entre homem e mulher não faz sentido na lógica yorùbá, e isso fica evidente na linguagem e forma de tratamento. Para ela, é muito mais próxima a ideia de senioridade, de respeito às pessoas mais velhas, sejam homens, sejam mulheres. Iyá (mãe) e babá (pai) transcendem a maternidade e a paternidade biológicas e indicam a posição de pessoa mais velha que exerce, pela idade e pelo caminho percorrido na vida, a posição de sábio sobre as pessoas mais jovens. Para Oyěwùmí, "[n]ão há dúvida de que o gênero

---

5 Djamila Ribeiro, "No Dia de Iemanjá, minha homenagem a uma estudante". *Folha de S.Paulo*, 2 fev. 2023. Disponível on-line.
6 Oyèrónkẹ Oyěwùmí, *A invenção das mulheres: construindo um sentido africano para os discursos ocidentais de gênero*, trad. Wanderson Flor do Nascimento. Rio de Janeiro: Bazar do Tempo, 2021.

tem seu lugar e tempo nas análises acadêmicas, mas seu lugar e seu tempo não eram a sociedade iorubá pré-colonial".[7] No Brasil, para as pessoas de religiões de matriz africana, essa relação é muito naturalizada, dado que a autoridade máxima dos terreiros é a Iyalorixá (mãe de santo) ou Babalorixá (pai de santo). A velhice, como afirma Rodney William Eugênio,[8] tem um sentido diferente para as pessoas do candomblé, em comparação com a tradição eurocristã patriarcal, pois significa poder e respeitabilidade. Uma velhice, diga-se de passagem, "de santo", ou seja, contabilizada a partir da iniciação na religião.

Mesmo tendo raízes yorùbás pré-coloniais, o candomblé é brasileiro, resultado do sincretismo da vastidão de povos escravizados que foram aportados no país. Sendo assim, tem suas histórias e uma delas, a que vamos tratar neste texto, é que nos terreiros tradicionais, os primeiros que foram fundados e seguem até hoje em atividade, a mulher é a líder religiosa. Grandes Iyalorixás, como Mãe Senhora, Mãe Menininha do Gantois, Mãe Stella de Oxóssi e tantas outras, inscreveram seu nome na história da religião. São mães de santo e, ao falarmos de maternidade no candomblé, devemos percorrer a trajetória das mais velhas.

Há uma série de razões apontadas para esse fenômeno de liderança feminina, uma exceção ao homem historicamente detentor do poder religioso, e essas razões são debatidas pela pesquisadora Teresinha Bernardo em seu texto "Candomblé: identidades em mudança".[9] Uma delas, segundo Bernardo, é que no século XIX havia proporcionalmente mais mulheres

---

7 Ibid., p. 131.

8 Rodney William Eugênio, *A bênção aos mais velhos: poder e senioridade nos terreiros de candomblé*. São Paulo: Arole Cultural, 2017.

9 Teresinha Bernardo, "Candomblé: identidades em mudança". *Revista Nures*, n. 7, 2007. Disponível on-line.

alforriadas do que homens alforriados. Sendo assim, com um contingente maior de mulheres negras fora das plantações, elas podiam se infiltrar na sociedade da época, inclusive fundando os terreiros de candomblé. "As mulheres negras, ao serem libertadas antes e em maiores proporções que os homens, penetraram nas brechas que o mercado de trabalho livre oferecia sendo amas, doceiras, cozinheiras, saindo pelas ruas vendendo seus quitutes, chegando a comprar a alforria de seus companheiros."[10]

Contudo, a proporção maior de alforriadas, discorre Teresinha Bernardo, explicaria a mulher negra como chefe de família, mas não necessariamente como líder religiosa. De fato, podemos problematizar ainda essa hipótese, pois as mulheres negras saíram da escravidão para o emprego doméstico, com reflexos até os dias de hoje: 5,7 milhões de mulheres são empregadas domésticas no Brasil, das quais 65% são mulheres negras. A divisão racial e de gênero do trabalho é a base do sistema patriarcal, logo dificilmente podemos aceitar a explicação de que as mulheres negras tinham tempo disponível, bem como renda, para fundar os terreiros de candomblé. Prosseguindo na hipótese de Bernardo, precisamos olhar para a diáspora africana para responder como as mulheres negras assumiram postos de liderança nos terreiros tradicionais e sucedem-se até os dias atuais numa linhagem exclusivamente feminina. Para Bernardo, há influência dos significados que a desesperança de retorno e a saudade da Terra Mãe incutiram na sociedade escravizada. Segundo ela, o candomblé foi uma criação feminina:

> Principalmente por ele representar a terra natal, a mãe, a caverna, o alimento, a proteção que são no limite os significados atribuídos

---

10 Ibid., p. 5.

à mulher, mostrando, assim, que entre o criador e a criatura não há diferenças, mas somente semelhanças. Essas qualidades, tanto do candomblé quanto da mulher, são completamente opostas ao autoritarismo e à violência gerados pela razão unificadora que não permite o pluralismo de ideias.[11]

A ideia dos significados, embora mais profunda, pode explicar parte da questão. Ainda não estamos suficientemente contempladas, porque até aqui não há elementos fundamentais para a criação de um lugar espiritual que também era abrigo para a comunidade negra perseguida: a coragem e a resistência dessas mulheres. A imensa criatividade para seguir comandando esses espaços, apesar do patriarcado racista. Geisimara Matos, biógrafa de Mãe Pulquéria, uma memorável Iyalorixá do terreiro do Gantois, definiu-as bem:

> poderosas mulheres negras com preeminência sobre o culto, senhoras e jovens senhoras reconhecidas e respeitadas, por vezes temidas, tanto pelo povo de santo quanto por pessoas de fora – gente de todas as classes que de forma furtiva não se furtava a frequentar candomblés, prática dissonante com as normas de comportamento socialmente aceitas da época.[12]

A todas essas feiticeiras, minha reverência.

---

11 Ibid., p. 6.
12 Geisimara Matos, "Mãe Pulquéria de Oxóssi e a política do carisma", in Djamila Ribeiro, Lizandra Magon de Almeida e Maurício Rocha (orgs.), *Uma nova história, feita de histórias: personalidades negras invisibilizadas da história do Brasil*. São Paulo: Jandaíra, 2021, p. 32.

Voltando a Iemanjá

Sendo a mãe dos orixás, Iemanjá assume um lugar de poder. É a "dona da casa", não a "dona de casa", a grande mãe no candomblé, cuja maternidade não está centrada no gênero, mas em sua idade avançada, em sua vivência com seus filhos e filhas. À maternidade de Iemanjá não estão impostos o acolhimento obrigatório, a restrição ao lar. Suas filhas e filhos convivem com uma noção maior de controle, de autoridade sobre todas as demais pessoas de sua convivência, uma autoridade assumida tanto por ela quanto pelas pessoas mais jovens.

Um outro ponto que é importante para nossa reflexão é que a maternidade de Iemanjá na tradição candomblecista se distancia da ideia cristã de "mãe virgem", "imaculada", aquela que não deve ou nem sequer é capaz de sentir prazer e que, no caso de gozar, deve se sentir culpada. Como cantou a escola de samba Estação Primeira de Mangueira no carnaval de 1973: "Eu vi alguém mergulhar/ Para nunca mais voltar".

Conta um itã, também registrado no livro de Prandi, que Iemanjá, belíssima,

> certa vez saiu de sua morada nas profundezas do mar e veio à terra em busca do prazer da carne. Encontrou um pescador jovem e bonito e o levou para seu líquido leito de amor. Seus corpos conheceram todas as delícias do encontro, mas o pescador era apenas um humano e morreu afogado nos braços da amante.
>
> Quando amanheceu, Iemanjá devolveu o corpo à praia. E assim acontece sempre, toda noite, quando Iemanjá Conlá se encanta com os pescadores que saem em seus barcos e jangadas para trabalhar. Ela leva o escolhido para o fundo do mar e se deixa possuir e depois o traz de novo, sem vida, para a areia.

A maternidade pela ótica das yabás 67

As noivas e as esposas correm cedo para a praia esperando pela volta de seus homens que foram para o mar, implorando a Iemanjá que os deixe voltar vivos.

Elas levam para o mar muitos presentes, flores, espelhos e perfumes, para que Iemanjá mande sempre muitos peixes e deixe viver os pescadores.[13]

Como provocam Sueli Carneiro e Cristiane Abdon Cury em "O poder feminino no culto aos orixás",

se a sociedade patriarcal reduz a sexualidade feminina apenas à procriação, as deusas africanas são mães e amantes. Iemanjá, mãe dos orixás, enfeitiça os homens e os atrai ao seu grande ventre (o mar). Ela os devora porque é de temperamento apaixonado e instável, ciumento e possessivo, ela é o mar, calmo e plácido, violento e destruidor. Ela rejeita os filhos, ela os ama com furor.[14]

Trabalhar com esses saberes é fundamental para ampliar uma discussão sobre maternidade que não esteja subordinada somente ao viés da opressão e contemple uma multiplicidade e não apenas um modo de ser mãe. Como o mar, Iemanjá é imensa de significado. Dias calmos, dias bravios, companheira daquelas pessoas que navegam, dança conforme a Lua e nos oferece vários mares de possibilidade do ser mulher.

13 R. Prandi, *Mitologia dos orixás*, op. cit., p. 390.
14 Sueli Carneiro e Cristiane Abdon Cury, "O poder feminino no culto aos orixás", in Sueli Carneiro, *Escritos de uma vida*. São Paulo: Pólen, 2019, p. 71.

Iansã

Há outras yabás no panteão dos orixás femininos, com outras formas de maternar. Iansã, por exemplo, teve nove filhos, mas sai todos os dias para trabalhar, deixando com as crianças dois chifres de carneiro para que, em caso de perigo, elas batam um chifre no outro e, então, ela volta na velocidade do vento. Há muitas histórias contadas através das gerações sobre Iansã, também conhecida como Oyá, a dona das tempestades. Ela domina o ímpeto de uma manada de búfalos ou a paz e a delicadeza de um revoar de borboletas. Suas filhas herdaram sua altivez, dignidade e independência para criar seus filhos e filhas, enquanto lideraram empreitadas, quer como vendedoras de acarajés e quituteiras, quer como amas ou o que for para a resistência do povo negro escravizado. Quando passa, não é despercebida. Oyá pinga vermelho pelo mercado, atrai a atenção de todos. Aliás, foi ela que dormiu com todos os orixás e de cada um deles aprendeu um segredo. Com Xangô, seu par perfeito, aprendeu a cuspir fogo e reinou soberana. Como conta a sabedoria de terreiro, "mulher cuja roupa é de fogo. Não podemos mentir para a senhora". É a senhora da verdade, que vai à guerra e lidera exércitos.

Como a tempestade, Oyá é muitas vezes mal interpretada, julgada, difamada. Mas suas filhas seguem liderando exércitos e, ao fazê-lo, despertam incômodos. Sua conduta e exercício da maternidade inspiram mulheres, pois seguem uma moral desafiadora da lógica patriarcal racista, que confere como destino à mulher a servidão doméstica e a maternidade romantizada pela eterna disponibilidade no lar para os filhos e filhas. Oyá desafia a lógica que foi responsável pela construção da mulher como aquela que está a serviço do homem, pronta para apoiá-lo em

A maternidade pela ótica das yabás **69**

sua carreira; aquela que o recebe após uma jornada de trabalho com uma sopa quente e as crianças trocadas para ir dormir.

Por outro lado, a transmissão de seus conhecimentos traz mensagens de autonomia e força para as mulheres, como fizeram milhões de brasileiras que lideram suas famílias na busca pelo sustento e por uma vida com dignidade.

Nanã Buruku

Uma das maternidades dos orixás femininos sobre a qual mais gosto de refletir é a de Nanã, a mais velha de todos, aquela cujo domínio sobre a primeira matéria de lama guarda o saber ancestral. Nanã domina os pântanos e mangues, é a avó dos orixás e certa vez, como conta um itã, ela engravidou. Dela nasceu Omolu, também conhecido como Obaluaiyê, cujo domínio sobre as doenças e pestes se manifestou logo em seu nascimento, vindo ao mundo repleto de chagas e muito doente. Nanã então abandona o bebê na entrada de uma gruta, perto da praia. E lá fica Omulu, até Iemanjá recolhê-lo e lavá-lo com as águas do mar, tratando de suas feridas. Ela então o adota.

Gosto de falar sobre a maternidade de Nanã justamente porque ela se recusa a ser mãe. As pesquisadoras Juliana Letícia da Silva Oliveira e Isabela Saraiva de Queiroz nos oferecem uma crítica interessante sobre a maternidade de Nanã no texto "Maternidade a partir da mitologia iorubá: Nanã, Iemanjá, Oxum e Iansã":

> A relação de Nanã e Omolu pode nos remeter às histórias de mulheres-mães que, por diversos motivos, experimentam um sofrimento e não podem ou não desejam cuidar dos filhos gerados.

Vêm apontar um ponto delicado da maternidade, que não é feita só de alegria, e disso não se fala entre as famílias, nos veículos de informação e até entre os profissionais de saúde, que podem se surpreender com essa realidade. Se para o cristianismo ser mãe é uma dádiva a qual Maria não questiona, Nanã nos mostra que a alegria em ser mãe não é um dado natural e, mesmo assim, não é menos honrada enquanto iyabá.[15]

Simone de Beauvoir, em *O segundo sexo*, faz uma afirmação muito interessante sobre a maternidade: "Não há mãe 'desnaturada', posto que o amor materno nada tem de natural: mas precisamente por causa disso há mães más".[16] Gosto de refletir sobre essa afirmação que desconstrói a visão que aprisiona as mulheres em papéis fixos. Ou as faz se sentirem mal porque têm dificuldade de amamentar ou educar seus filhos, por exemplo. Retira o peso do "mas você deveria saber disso, pois está na sua natureza".

Para quem parte da epistemologia de Nanã Buruku, essa dor encontra afago. Quantas de nós podem se cobrar por não corresponder ao que se espera de uma "mãe de verdade"? Ao mesmo tempo, a afirmação é libertadora, porque quebra a ideia de que todas as mães são carinhosas e boas. Iemanjá foi mãe de muitos filhos; Nanã optou por não o ser. Mães são pessoas, seres humanos, com todas as suas complexidades e contradições.

---

15 Juliana Letícia da Silva Oliveira e Isabela Saraiva de Queiroz, "Maternidade a partir da mitologia iorubá: Nanã, Iemanjá, Oxum e Iansã". *Revista África e Africanidades*, ano XII, n. 32, 2019, p. 10.
16 Simone de Beauvoir, *O segundo sexo*, trad. Sérgio Milliet. São Paulo: Difusão Europeia do Livro, 1967, v. 2, p. 291.

Oxum

Grande feiticeira, orixá ligado às cachoeiras e às águas doces, é para Oxum que o povo de santo oferenda pedindo fertilidade. Carinhosamente conhecida como "Mamãe Oxum", ela abençoa todas as crianças e com elas se diverte. Há uma passagem interessante que diz: "Oxum, antes de cuidar de seus filhos, limpa suas joias".

Gosto de citar essa passagem em meus textos e palestras, sobretudo porque Oxum ensina a suas filhas e filhos de santo a força do autocuidado, para além do discurso tolo, pois há uma apropriação do termo como algo individual, exclusivo de pessoas ricas, ou como uma espécie de estilo de vida para determinadas classes. Logo, para as mulheres ricas, seria um momento de abstração dos problemas, uma banalidade que, como tal, não é interessante nem adequada às mulheres negras, que têm de trabalhar. Essa lógica colonial surtiu efeito. As mulheres da minha família tinham essa ideia muito fortemente, ou nem sequer tinham tempo para cuidar de si.

Penso, contudo, que o "limpar as joias antes de cuidar dos filhos" de Oxum é um convite para pensarmos sobre a metáfora de outras perspectivas. Veja-se, por exemplo, este itã registrado por Pierre Verger, no qual Oxum torna todas as mulheres estéreis para sabotar o pacto patriarcal:

> Quando todos os orixás chegaram à terra, organizaram reuniões onde as mulheres não eram admitidas. Oxum ficou aborrecida por ser posta de lado e não poder participar de todas as deliberações. Para se vingar, tornou as mulheres estéreis e impediu que as atividades desenvolvidas pelos deuses chegassem a resultados favoráveis. Desesperados, os orixás dirigiram-se a Olodumaré e explicaram-lhe que as coisas iam mal sobre a terra, apesar das deci-

sões que tomavam em suas assembleias. Olodumaré perguntou se Oxum participava das reuniões e os orixás responderam que não. Olodumaré explicou-lhes então que, sem a presença de Oxum e do seu poder sobre a fecundidade, nenhum de seus empreendimentos poderia dar certo. De volta à terra, os orixás convidaram Oxum para participar de seus trabalhos, o que ela acabou por aceitar depois de muito lhe rogarem. Em seguida, as mulheres tornaram-se fecundas e todos os projetos obtiveram felizes resultados.[17]

É um itã muito interessante para pensarmos o limpar as joias de Oxum. Antes que todas as mulheres tivessem filhos, Oxum deveria ser ouvida. Para mulheres negras, o silenciamento é parte fundamental das reflexões. Como afirma Audre Lorde, "há muitos silêncios a serem quebrados".[18] Em "A transformação do silêncio em linguagem e em ação", a pensadora faz a provocação

Quais são as palavras que você ainda não tem? O que você precisa dizer? Quais são as tiranias que você engole dia após dia e tenta tomar para si, até adoecer e morrer por causa delas, ainda em silêncio? Para algumas de vocês que estão aqui hoje, talvez eu seja a expressão de um dos seus medos. Porque sou mulher, sou negra, sou lésbica, porque sou quem eu sou – uma poeta negra guerreira fazendo o meu trabalho –, então pergunto: vocês têm feito o trabalho de vocês?[19]

A partir dessas reflexões, penso a maternidade de Oxum como um modelo centrado no amor e no acolhimento dos filhos, mas

---

17 Pierre Verger, *Orixás: deuses iorubás na África e no Novo Mundo*, trad. Maria Aparecida da Nóbrega. Salvador: Fundação Pierre Verger, 2018, p. 67.
18 Audre Lorde, "A transformação do silêncio em linguagem e em ação", in *Irmã Outsider*, trad. Stephanie Borges. Belo Horizonte: Autêntica, 2019, p. 54.
19 Ibid., pp. 50–51.

A maternidade pela ótica das yabás 73

também centrado em uma estratégia de infiltração, como as águas, nas estruturas patriarcais que visam ao confinamento da mulher.

Conclusão

Falar de candomblé é falar de minha infância, de minha família, de minha mãe, de minha avó – uma filha de Nanã. É falar dessas mulheres que descendem dos povos escravizados que atracaram na costa brasileira, traficados pela colonização portuguesa, francesa, holandesa e tantos outros comerciantes que construíram fortuna sobre uma forma vil de desumanização e condenação das pessoas à infelicidade.

Contra um inimigo tão poderoso, foi preciso muita criatividade para desenvolver estratégias de sobrevivência; com os orixás nos corações, resistindo às imposições do colonizador, foi preciso muita fé e amor pela religião; e, também, foi preciso raízes profundas que se mantiveram intactas, uma força agregadora da comunidade esfacelada pela escravidão que estava sendo reunida sob a égide africana.

Ao pensar a maternidade por meio da cosmogonia do terreiro, identifico quão ricas podem ser as reflexões que empoderam mulheres e trazem cura aos femininos feridos. Femininos costurados a partir de uma lógica de submissão, a partir de uma forma compulsória de maternidade. Uma religião "gestada" no poder feminino no culto a essas divindades é uma potência, ou, sob uma epistemologia de Oyá, uma verdadeira tempestade no poder colonial. Espero que este breve texto venha a inspirar mulheres de todo o mundo, de lugares sociais distintos, para que reflitam e tomem um conhecimento, ainda que breve, das diferentes representações de maternidade.

A PROMESSA DO COMUNISMO

O PRINCÍPIO DO TRANSNACIONALISMO NOS MOVIMENTOS FEMINISTA E NEGRO NO REINO UNIDO

Lola Olufemi

LOLA OLUFEMI nasceu em Londres, Inglaterra, em 1996. É escritora e pesquisadora ligada à Fundação Stuart Hall, em Londres, e ao Centre for Research and Education in Art and Media da Universidade de Westminster. Pesquisa os usos do imaginário feminista e sua relação com a produção cultural, os movimentos revolucionários e o futuro. É autora de *Feminism Interrupted: Disrupting Power* (Pluto, 2020) e *Experiments in Imagining Otherwise* (Pluto, 2021).

Crises são o buraco negro da história

Como em qualquer conjuntura política decisiva, feministas radicais preocupadas em preservar e difundir a vida se veem enredadas na linguagem da crise. A crise é uma neblina densa que colore a maneira como nos percebemos em relação ao passado e ao futuro. Resultado das relações negativas de poder que compõem o capitalismo, a crise é, como argumenta Tithi Bhattacharya, "uma ameaça imediata e generalizada a uma comunidade local, praticada em escala global".[1] Essa ameaça é utilizada e cuidadosamente aplicada por democracias liberais cujos governos são moldados pela promessa de acabar com a última ameaça fabricada. A consequência afetiva dessa ameaça imediata, reafirmada pelo discurso, pela cultura e pelas políticas parlamentares, é o sentimento generalizado de que vivemos um constante presente, em que é inútil resistir a condições cada vez piores. O impasse político nos engoliu: o sistema bipartidário nos deixou sem saída. A violência de gênero está em toda parte, entrelaçada às funções de policiamento e vigilância da existência, manifestada nos cortes de benefícios sociais, moradia e bem-estar, no deslocamento forçado e nas migrações mortais de pessoas em razão de catástrofes climáticas, percebida no aumento dos movimentos fascistas antigênero ao redor do mundo, que buscam eliminar existências em não conformidade de gênero e sexualidade e banir vidas trans por meio do poder estatal. Nós temos ciência da frequência com que essa violência aleatória e material é cometida contra nós. A linguagem da crise é intencio-

---

1 Tithi Bhattacharya em discurso durante o colóquio "Confronting the Spectres of Marx Conference", realizado na Universidade de Bielefeld em 2022.

nalmente abrangente. A ameaça generalizada se mostra em todo lugar ao mesmo tempo: sua intenção é nos imobilizar.

Uma das consequências de ceder à linguagem da crise é o enfraquecimento gradual da consciência política das pessoas comuns: a crença na possibilidade de transformar suas condições materiais. Seja a crise real, seja imaginária, o poder discursivo dos governos liberais permite que funcionem oscilando entre crise e estabilidade, encolhendo o potencial humano nesse processo. Eis a linearidade dessa narrativa: períodos de crise dão lugar a períodos de estabilidade que inevitavelmente culminam em crises e mascaram a natureza exploratória e traiçoeira do lucro como princípio motivador, transformando as relações intencionalmente letais do capitalismo em mera consequência de uma economia em declínio. A oscilação entre crise e estabilidade ajuda a reafirmar a noção disciplinar de que a vida humana é uma sequência de eventos devidamente organizada em passado, presente e futuro, uma premissa ideológica excelente para a repressão da classe trabalhadora. Se o tempo é estático e o progresso ocorre em estágios alternados, só nos resta atravessar a crise, nunca contorná-la ou rejeitá-la diretamente. Os atos de resistência e rebelião rompem com esses regimes temporais ao não aceitarem a orientação desmobilizadora. Decretar esse rompimento, fortalecendo uma estrutura de crença capaz de contornar "crises", é crucial para determinar nossa capacidade de resistir e reagir à destruição. Um estado permanente de crise funciona como um meio de reinserir a ordem na vida humana como mero "acontecimento" e minar nossa capacidade de conceber uma orientação política voltada para algo que ainda não se sabe o que é, que ainda não pode ser concebido, mas que precisa ser cultivado pelo bem das nossas vidas. Operando muito além do nível discursivo, as "crises" e suas muitas sombras buscam

78 Lola Olufemi

romper com apegos afetivos à resistência, *à sobrevivência*, a procurar o habitável em meio às condições mais áridas. Mas, das rebeliões de pessoas escravizadas a projetos de resistência anti-imperialistas e ataques direcionados a agentes do Estado (polícia, exército e burocratas), os movimentos radicais sempre dependeram da manutenção de um modo de existência opositivo.

Alimentadas pela priorização liberal do indivíduo, todas as formas de crise – política, ambiental, física ou geográfica – que se recusam a apontar o capitalismo como seu criador visam neutralizar a resistência política e consolidar relações fascistas. A vitória do fascismo resulta da manipulação ideológica dos períodos de crise instaurados pelos governos liberais, que dão lugar a uma nova realidade política assegurada pelo uso da força. Como afirma Sophie Lewis, se o fascismo aparece como "uma matriz de dominação fundamentalmente colonial, cujo culto busca impor, entre outras coisas, a reprodução correta em diferentes populações humanas por meio de um eugenismo tanto positivo quanto negativo",[2] então seu objetivo é desviar e pressionar a organização social a seu favor, disciplinar os cidadãos ao Estado-nação e fomentar relações míopes e destrutivas. Matar o que Cedric Robinson chamou de promessa de libertação.[3] O fascismo começa com uma concessão à linguagem da crise: quando a ameaça imediata se torna morfológica, não resta espaço para a criação de novas formas de análise, novas conjecturas ou novas formas de situar o presente historicamente. Se analisarmos a covid-19 como o exemplo mais recente do poder entorpecedor das crises, o que sustentou a onipresente lógica eugenista que manteve as engrenagens do

---

2 Sophie Lewis e Asa Seresin, "Fascist Feminism: A Dialogue". *Transgender Studies Quarterly*, v. 9, n. 3, 2022, pp. 463–79.
3 Cedric Robinson, *Marxismo negro: a criação da tradição radical negra*, trad. Fernanda Silva e Sousa et al. São Paulo: Perspectiva, 2023.

capital girando naquele momento foi a criação do consenso de que as consequências da pandemia deveriam ser simplesmente aceitas, que a "manutenção da ordem" em momentos excepcionalmente difíceis requer a conservação das condições presentes. A linguagem da crise fabrica uma orientação política e afetiva que nos obriga a desviar os olhos da precariedade dos outros, a crer que nada pode ser feito para impedir a evitável morte em massa. Tina Campt disse que o cuidado é o antídoto, não o tratamento das feridas.[4] Enquanto feministas, como já escrevi antes, nosso dever é romper a inércia de uma vida insuportável.

Crises são o buraco negro da história. Concordo com Beatriz Nascimento quando escreve que temos a obrigação de viver:

> desviando-nos dos obstáculos terríveis impostos pela face perversa do regime opressivo do capital. Foi como se chegasse a esta constatação: Para que nos serve a história? Não preciso dela, enquanto não possuo poder. Ela serve àqueles que detêm e se registram através do tempo enquanto poder. Neste país, minha vida não é poder, mas tem outras expressões tão ou mais importantes que isso. [...] Ainda não fomos vencidos.[5]

Ainda não fomos vencidos. Isso me lembra que trabalhamos segundo a tradição feminista para cultivar e reacender o desejo de resistir ao embargo. É uma teleologia sem fim. Se o feminismo é uma metodologia política, uma forma de reivindicar liberdade e marchar na direção dela, deve oferecer formas de refletir sobre

---

4 Tina Campt, em discurso durante o simpósio "Loophole of Retreat: Venice", realizado pela Fondazione Giorgio Cini em Veneza, em 2022.
5 Beatriz Nascimento, "Por um território (novo) existencial e físico", in Alex Ratts (org.), *O negro visto por ele mesmo: ensaios, entrevistas e prosa.* São Paulo: Ubu, 2022, p. 90.

o momento atual que ultrapassem a dicotomia de crise e estabilidade e atuem em conjunto com outras estruturas políticas radicais a fim de desafiar as forças fascistas que constituem o caráter opressivo da história.

Exija tudo

A tentação de existir no mundo aceitando suas condições nos deixa à mercê das tendências mais reacionárias. Como escreveu a poeta Diane di Prima: *"remember/ you can have what you ask for, ask for/ everything"* [lembrem-se de que vocês podem ter tudo o que desejam/ exijam tudo].[6] A partir da análise de documentos de arquivo, este capítulo explora como o transnacionalismo, princípio fundamental do comunismo, esteve no centro do trabalho dos movimentos de mulheres negras e não brancas marxistas e anti-imperialistas da Grã-Bretanha de 1970 a 1990. Mais do que reinscrevê-las no cânone feminista, é uma tentativa de traçar as linhas que conectam diferentes grupos e pessoas que convergiram mediante uma aliança transfronteiriça em busca de uma ruptura na crise fabricada de suas vidas.

Se, como argumenta Jodi Dean, o comunismo é um "fato do mundo" não específico a uma história política e, mesmo assim, o único modo de organização política capaz de atender às "necessidades, demandas e desejos comuns das pessoas",[7] começo minha análise pelas pessoas e pelos grupos que contribuíram com trabalhos em prol das necessidades, vontades e desejos de pessoas comuns. O estudo de documentos efême-

---

6 Diane di Prima, *Revolutionary Letters*. London: Silver, 2021.

7 Jodi Dean, *The Communist Horizon*. London: Verso, 2021.

ros em arquivo(s) é um lembrete da nossa capacidade coletiva de rejeitar termos impostos por crises e entender o "passado" como algo sempre presente que invade o momento atual e dita a temporalidade do futuro. Essa é a promessa comunista. Se o horizonte não "espera" por nós, só importa o que fazemos *agora* e como nós, enquanto feministas, continuamos atentas às particularidades da nossa conjuntura de crise.

Ao explorar as múltiplas contribuições de pensadoras feministas negras e não brancas e de grupos ativos *na* e não *da* Grã-Bretanha, eu me valho de suas práticas de transnacionalismo para argumentar que eles desafiaram as múltiplas crises contextuais que marcaram sua vida política, graças à compreensão clara de que estavam associados ou fortemente conectados a outros, independentemente da região geográfica. Ao pensar mais além das nações e fronteiras, mas usando uma análise política que permanecesse atenta às especificidades das localizações geográficas, esses movimentos mantiveram uma atitude crítica ao mantra bioessencialista de "sororidade global" e escolheram outro caminho: entenderam que sua vida é inseparável da vida de camaradas no continente africano, enredadas em uma batalha contra os poderes coloniais e cujo destino também era o seu. Para pensadoras comunistas como Olive Morris e Claudia Jones, a nacionalidade era o anátema do compromisso com a criação de uma massa crítica global capaz de fornecer a resposta definitiva à degradação capitalista. A reflexão de Joy James de que "minha capacidade de amar é minha capacidade de lutar"[8] simboliza o caráter de seu trabalho: uma estratégia cuidadosa, uma ética revolucionária baseada em amor, confronto e luta armada.

---

8 Joy James, em um seminário do Departamento de Estudos de Gênero, realizado em 2021 na Universidade de Cambridge.

A utilidade de qualquer genealogia política radical é a capacidade de esclarecer, trazer para o centro das atenções as estruturas governamentais opressivas que organizam a vida social. Antes de mais nada, o feminismo é um método de análise, ou seja, sua preocupação maior é esclarecer os processos, as estruturas e a substância da vida tais como os conhecemos e nos aproximar de uma existência mais digna. O feminismo nos oferece não um conjunto de respostas, mas sim meios de elucidação. Ele nos devolve a capacidade de lidar com crises múltiplas e imbricadas por meio de uma análise das forças convergentes e divergentes (históricas ou não) que as constituem. Nossa única certeza enquanto feministas é de que a participação em formas de organização radical é crucial para a melhora das condições materiais para todas as pessoas. Isso se torna ainda mais verdadeiro quando o chão sob nossos pés começa a tremer e nosso trabalho, nosso amor e, talvez o mais essencial de tudo, nosso tempo são tratados como resíduo excedente pelo capital.

Uma forma de restabelecer nossa determinação política, de rechaçar o "fim" imposto pela crise e redescobrir a conectividade que fortalece nosso desejo de resistência é analisar as reivindicações e orientações afetivas armazenadas no material arquivado, que sobreviveu à ação do tempo e constitui o legado mútuo ao qual pertencemos. Para que possamos conservar o horizonte feminista vermelho e verde, a abundância nascida da luta, devemos estar prontas para questionar as bases sobre as quais nos erguemos a fim de libertar-nos da imobilidade.

Nós nos escolhemos

> *Como mulheres e feministas, militamos por um amplo conjunto de questões, de saúde e direitos reprodutivos a campanhas contra as deportações, de moradia e educação a policiamento e leis anti-SUS.[9] Protestamos em solidariedade a nós mesmas e a nossas companheiras que continuam "em casa", brigando por Libertação Nacional: irlandesas e palestinas, eritreias e namibianas, chilenas e salvadorenhas.[10]*
>
> SHABNAM GREWAL

> *Os operários não têm pátria.[11]*
>
> KARL MARX e FRIEDRICH ENGELS

O transnacionalismo como princípio político requer de quem o propõe a criação de estratégias para a aquisição, a criação e a manutenção da liberdade além das fronteiras nacionais, valendo-se de conexões, associações e formas de movimentos já existentes. Fronteiras criam uma matriz para o fluxo do capital, que, por sua vez, demanda um fluxo de corpos que empurra pessoas para dentro e para fora de suas localidades e, assim, rompe as conexões entre elas e com os meios de produção que as sustentam. Uma forma de superar esse impasse é defender que a faculdade de se deslocar não deveria depender de uma

---

9 Lei britânica de 1824, revogada em 1981, que autorizava a polícia britânica a deter pessoas sob a suspeita de vadiagem ou comportamento suspeito com o pretexto de prevenir crimes e infrações. [N. E.]

10 Shabnam Grewal, *Charting the Journey: Writings by Black and Third World Women*. London: Sheba Feminist, 1988.

11 Karl Marx e Friedrich Engels, *Manifesto Comunista*, 1ª ed. rev., trad. Álvaro Pina e Ivana Jinkings. São Paulo: Boitempo, 2010, p. 56.

estrutura econômica, a qualidade de vida e a capacidade de sobrevivência de uma pessoa não deveriam ser determinadas por geografias coloniais que mantêm Estados-nação fictícios. Se as correntes da exploração forem quebradas, o som do metal partindo-se será ouvido no mundo inteiro. O desenvolvimento de uma ética política transnacional possibilitou que grupos feministas de mulheres negras e não brancas em todo o Reino Unido desenvolvessem uma consciência política que trabalhasse em conjunto com as lutas prioritárias por independência no continente africano. Elas se perceberam parte de uma diáspora que luta pelos recursos que foram arrancados delas por meio da violência. No livro *Charting the Journey* [Mapeando a jornada], texto fundamental para o movimento feminista, as autoras afirmam que "nossa jornada é uma jornada geográfica, social e política do presente para o passado, do passado para o futuro, mudando de direção no tempo e no espaço quando necessário". Uma análise baseada em diferentes vieses permitiu que elas entendessem os desafios crescentes da resistência, estendessem sua solidariedade além das fronteiras e desenvolvessem teorias e modos de análise que priorizassem as formas de expropriação e exploração de mão de obra ao redor do mundo. Repensar a geografia como uma jornada constituída por forças antagônicas e coloniais, e não como um fato universal imutável, iluminou o propósito da luta política.

Um dos maiores fracassos da historiografia liberal é retratar os grupos feministas negros e não brancos como o lado obscuro e antagônico do feminismo liberal, em vez de analisar as demandas desses movimentos como uma visão radical, autônoma e ativamente crítica da hegemonia ocidental. O princípio operacional no cerne desses movimentos marxistas, anti-imperialistas e feministas era a noção de que a vida de todas as pessoas sob o capitalismo está enredada. Audre Lorde, cuja militância anti-imperialista e cuja crítica explícita à invasão de Granada pelos Estados Unidos em 1983 não costumam receber a devida importância, escreve, no ensaio "Idade, raça, classe e sexo: as mulheres redefinem a diferença":

> Escolhemos uma à outra
> e as fronteiras das batalhas de cada uma
> a guerra é a mesma
> se perdermos
> um dia o sangue das mulheres coagulará
> sobre um planeta morto
> se vencermos
> não há como saber
> procuramos além da história
> por um encontro mais novo e mais possível.[12]

Essa ode poética à solidariedade transnacional explora a ação inerente à sua promessa relacional. Lorde nos remete explicitamente ao horizonte além da história e reflete sobre a necessidade de os movimentos feministas reconhecerem "a semelhança da guerra" ou, em outras palavras, a natureza universalizante da realidade imperialista. Devo me prolongar neste ponto para tentar esboçar o contexto político no qual movimentos feministas marxistas e anti-imperialistas dos anos 1970–80 atuavam e ressaltar um dos seus objetivos principais: abalar a ubiquidade do Estado-nação. Em um cenário político marcado pelo neoliberalismo agressivo, a criação de um caráter nacional era central para a missão conser-

---

12 Audre Lorde, *Irmã outsider: ensaios e conferências*, trad. Stephanie Borges. Belo Horizonte: Autêntica, 2019, p. 153.

vadora. Nesse período, o fortalecimento da supremacia ideológica britânica na cena mundial por meio de intervenções neocoloniais fez coro à promoção do individualismo dos sujeitos britânicos, que pode ser resumido na famosa afirmação de Thatcher: "Não existe sociedade, existem apenas o indivíduo e sua família". A raça continuou sendo um firme marcador de diferenças na criação do corpo político nacional. A autoimagem dos cidadãos britânicos tinha como premissa a separação entre "eles" (leia-se, a população branca) e os "outros", a população racializada. A importância dos movimentos políticos populares que pretendiam apagar fronteiras, encontrar pontos em comum na luta com outros sujeitos racializados e entender como os processos de exploração eram interdependentes não pode ser ignorada. Os movimentos de mulheres negras e não brancas entendiam, como Walter Benjamin salientou, que esse estado de emergência em que se encontravam *era a regra*.[13]

Reunir-se para formular reivindicações políticas junto ao Estado a partir de um centro imperial significava reconhecer que a vida na diáspora era dependente da movimentação forçada de corpos imposta pelo capital. O que hoje é amplamente conhecido como "Geração Windrush" no Reino Unido, expressão usada para referir-se à imigração caribenha entre 1948 e 1971, nem sempre é percebido como o deslocamento de trabalhadores e trabalhadoras não brancos/as coagidos/as ao trabalho em troca da promessa de abundância para restabelecer o domínio da economia britânica pós-guerra. O transnacionalismo, que se tornou solidariedade transnacional por sua aplicação, foi uma tentativa de encarar essa realidade e desnaturalizar padrões de produção e reprodução dentro do capitalismo racial, de modo a propor novos modelos de

---

13 Walter Benjamin, *Sobre o conceito de história*, trad. Adalberto Müller e Márcio Seligmann-Silva. São Paulo: Alameda, 2020.

ordem social capazes de reagir à altura de seu poder destrutivo. O pensamento transnacional também nos permite pensar além das fronteiras temporais. Ele defende que, ainda que tenhamos combatido a força do poder destrutivo do capitalismo racial no passado, podemos, ao mesmo tempo, começar a mapear sua destruição no presente e nossa criação compartilhada de futuro.

1.

A efêmera política produzida pelo Brixton Black Women's Group (BBWG) – uma organização marxista e anti-imperialista fundada em 1973, com sede no sul de Londres – ilustra como foi traduzido, intelectual e politicamente, o desejo de comunicar-se além das fronteiras naquele período. A estética visual da *newsletter* do grupo, *Speak Out!*, vendida localmente a trinta *pence*, usava um de seus símbolos mais recorrentes e conhecidos: o busto de uma mulher negra no centro de um globo terrestre. A imagem era uma prova do compromisso do grupo de seguir uma análise que ressaltasse a experiência política e a resistência de mulheres negras ao redor do mundo. Seu projeto político ambicioso de combate a formas de violência estatal em relação a policiamento, educação e moradia no Reino Unido, ao mesmo tempo que estreitava laços com movimentos independentes fora do país, buscava nada menos do que a transformação total de diversos espaços geográficos. A existência do BBWG servia de ponto de encontro para militantes atuantes em vários locais de luta revolucionária, tanto no Reino Unido como em outros países. Em *Speak Out!*, coletânea publicada em 2023 sobre o Brixton Black Women's Group, Gail Lewis declara:

88 Lola Olufemi

Estávamos ligadas a outras organizações de mulheres que lutavam contra o anti-imperialismo: mulheres do Swapo,[14] mulheres do Zanu,[15] mulheres da Etiópia, da Eritreia, organizações de mulheres negras nos Estados Unidos, organizações de mulheres irlandesas. Até certo ponto, estávamos envolvidas mesmo com organizações de mulheres palestinas e antissionistas.[16]

É essencial interpretar as ações do grupo e sua produção cultural à luz de um período-chave de movimentos em prol de lutas pela descolonização, o que Fanon chamou, em 1961, de "programa de desordem absoluta".[17]

O mais importante é, sem dúvida, que os esforços do BBWG para promover educação política por meio da *newsletter* facilitaram a circulação de ideias radicais, que foram debatidas e questionadas em diferentes comunidades de trabalhadoras e trabalhadores. A produção desse material foi motivada pelo desejo do grupo de não restringir informações que possibilitassem a outras pessoas se libertarem das estruturas hegemônicas que moldavam sua vida e rotina. Ler Marx em conjunto com textos políticos de mulheres negras em rodas de leitura e conferências evidenciou uma intertextualidade que facilitou a síntese das

---

14 A Organização do Povo do Sudoeste Africano (ou Swapo), é o partido político dominante do sistema político da Namíbia e responsável pelo lançamento do movimento de libertação nacional marxista que culminou com a independência do país em 1990. [N. F.]

15 A União Nacional Africana do Zimbábue foi o principal movimento de libertação nacional no país durante os anos 1970 e está no poder desde a independência, ocorrida em 1980. [N. E. F.]

16 Milo Miller (org.), *Speak Out! The Brixton Black Women's Group*. London: Verso, 2023, p. 293.

17 Frantz Fanon, *Os condenados da terra*, trad. Ligia Fonseca Ferreira e Regina Salgado Campos. Rio de Janeiro: Zahar, 2022.

histórias radicais de pensamento. O BBWG publicou pelo menos quatro edições da *newsletter*, recheadas com um aglomerado de posicionamentos do grupo, resenhas de livros, poemas e ilustrações. Seguindo o legado de Claudia Jones, cujo trabalho revolucionário foi muito além da atuação no Partido Comunista e se estendeu à poesia, o BBWG se recusou a privilegiar certas formas de conhecimento, entendendo a necessidade de uma existência rica e completa transformada em bela pela arte e possível de ser vivida graças à organização política. No ensaio "An End to the Neglect of the Problems of the Negro Woman!" [Um basta à negligência dos problemas da mulher negra!], Jones escreveu: "A burguesia teme a militância da mulher negra, e com razão".[18] Uma característica fundamental dos esforços do grupo para cultivar a militância por meio de panfletos e *newsletters* era a omissão deliberada do nome das autoras nas declarações coletivas. Essa era uma forma de burlar a vigilância do Estado, mas também permitia às ativistas do grupo exercer sua coletividade do ponto de vista linguístico. A *newsletter* revelou a multiplicidade de preocupações feministas do período: em todas as edições, os artigos iam de análises feministas das condições materiais de moradia, bem-estar, educação e creches, até apelos de solidariedade aos novos movimentos feministas e de resistência contra o *apartheid* e os governos fascistas.

O BBWG surgiu de um movimento Black Power que frequentemente ignorava as análises feministas em sua concepção das relações sociais. Diversas histórias orais de membros importantes do grupo, como Melba Wilson e Gerlin Bean, descreveram sua migração do Black Power para o BBWG, por ser um espaço

---

18 Claudia Jones, "An End to the Neglect of the Problems of the Negro Woman!". *Political & Rights Issues & Social Movements* (*Prism*), 467, 1949.

em que as análises críticas das mulheres negras eram postas em primeiro plano e as convergências específicas de raça, gênero e exploração capitalista eram estudadas. O desejo de uma organização de mulheres autônomas cresceu em conjunto com a decisão de alinhamento às lutas radicais do mundo, para falar não com uma só voz e, sim, *contra* uma só força opressiva que se manifestava além das fronteiras.

Um artigo do número 4, publicado em 1982, lembrava a complexidade dos movimentos de mulheres no Chile e as estratégias criadas pelas trabalhadoras contra a cooptação burguesa. O texto, aparentemente escrito por uma camarada chilena para o público britânico, declarava já na introdução:

> O artigo a seguir trata das diversas lutas que as mulheres chilenas vêm travando desde a deposição, sustentada pela CIA, do governo Allende (Partido Popular) em setembro de 1973.
>
> É necessário distinguir entre as organizações de mulheres que representam e/ou servem aos interesses das classes dominantes e aquelas que representam a luta das mulheres trabalhadoras e, portanto, contribuem para a emancipação de todas as pessoas oprimidas e exploradas. Nesse caso, o artigo mostra claramente que não há nenhuma relação entre as necessidades da massa de mulheres chilenas e as organizações de mulheres burguesas que defendem os próprios interesses enquanto classe dominante.[19]

A autora explica ao longo do artigo como o governo fascista do Chile privou mulheres de seus direitos básicos mais fundamentais, mostrando de uma perspectiva claramente marxista que o destino

---

19 M. Miller (org.), *Speak Out! The Brixton Black Women's Group*, op. cit., p. 229.

das classes trabalhadoras era ditado por organizações feministas burguesas cujos interesses serviam ao capital privado. O estilo do artigo demonstra os mecanismos complexos por meio dos quais camaradas de vários países compartilhavam informações entre si sobre suas lutas. A *Speak Out!* publicou diversos relatos de lutas populares pelo mundo. A intenção da *newsletter* era obter lições estratégicas de locais específicos que poderiam ser aplicadas globalmente e usadas para aperfeiçoar a crítica. Se as feministas burguesas não serviam aos interesses das mulheres da classe trabalhadora, elas deveriam ser entendidas como uma ameaça às mulheres de todo o mundo, de comunidades diaspóricas no centro imperial ao proletariado global que trabalhava para reconstruir as respectivas nações após a recém-conquistada independência.

Essa intenção do BBWG inspirou diversas outras organizações a seguir seus passos e reunir-se na Organisation of Women of African and Asian Descent (OWAAD) em 1978, uma coligação fundada por Stella Dadzie, Gail Lewis e Olive Morris, membros da African Students Union UK, além de outras pessoas e coletivos envolvidos na militância antirracista e feminista pelo país. A formação dessa coligação se deu em conjunto com a fundação, em 1977, da Liga de Mulheres Zanu, braço feminino da União Nacional Africana do Zimbábue – Frente Patriótica. No livro *Heart of the Race: Black Women's Lives in Britain*, as autoras ressaltam que a criação de novas organizações de mulheres negras autônomas no Reino Unido foi impulsionada pela energia da independência africana. Ao rejeitar a pouca ambição de certas seitas *mainstream* de feminismo branco, liberal e socialista, incapazes de integrar uma análise racial à sua análise de gênero, algumas organizações da OWAAD se dedicaram a cultivar as condições revolucionárias que levariam à destruição do Estado-nação colonial. Ainda que vivessem no centro impe-

92 Lola Olufemi

rial, feministas negras e não brancas nesse período empreenderam esforços conscientes para entender seu corpo como parte de um esquema de poder que ia muito além de sua posição de "mulheres". Para elas, seu corpo habitava uma matriz colonial e a liberdade delas dependia da liberdade de outros sujeitos oprimidos – elas almejavam a criação de um corpo político proletário global. Expandindo a noção de que ninguém é livre enquanto as mulheres não forem livres, abandonaram a ampliação de direitos como tema central e focaram a destruição total das limitações impostas pelas fronteiras sociais, políticas e econômicas. O alinhamento deliberado desses movimentos às lutas revolucionárias por independência distinguia seus objetivos das modestas e insuficientes manifestações a favor da "igualdade" ou da "equidade salarial". Não devemos subestimar a importância dos programas de lideranças socialistas no continente africano. Eles criaram um modelo de transformação da vida social focado na participação plena das mulheres.

> Fomos muito mais influenciadas, naquela época, pelo que estava acontecendo nos movimentos de libertação no continente africano. Havia muitos exemplos de mulheres negras ativas nas lutas revolucionárias em países como Angola, Moçambique, Zimbábue e Guiné-Bissau. [...] As falas de Samora Machel sobre a emancipação feminina ressoavam muito mais em nós do que as palavras de Germaine Greer e outras feministas brancas de classe média.[20]

A análise de gênero do grupo se recusava a excluir o chamamento do Zanu-PF à "libertação pela participação", que enten-

---

20 Beverley Bryan, Stella Dadzie e Suzanne Scafe, *The Heart of the Race: Black Women's Lives in Britain*. London: Virago, 1985.

dia as mulheres como participantes plenas da luta contra o regime colonial e ajudava a consolidar o propósito e a função da OWAAD como rede e espaço de convergência das organizações revolucionárias de mulheres no Reino Unido, de educação política para seus membros e de desenvolvimento de habilidades que lhes permitissem entender seu lugar como trabalhadoras sob o capitalismo. A primeira Black Women's National Conference aconteceu em 1979 e foi documentada pelo cineasta Menelik Shabazz. A intenção era reunir uma ampla variedade de grupos de mulheres negras a fim de organizar politicamente temas relacionados a saúde, leis e imigração. Pouco depois, foi criada a *Fowaad!*, *newsletter* para disseminar informações da OWAAD. Documentos efêmeros recuperados desse período – panfletos, *newsletters*, vídeos e fotos – são um testemunho da visão clara que direcionou os esforços de organização autônoma de mulheres negras e não brancas no Reino Unido, ainda que tenham eventualmente fracassado. Muito mais do que uma simples história de dissidência, seus esforços representaram uma intervenção crítica nos discursos do feminismo e transformaram a reforma em revolução.

2.

O *Outwrite* foi um jornal feminista criado por um coletivo de mulheres (The Feminist News Group) ativo no Reino Unido de 1982 a 1988. Lançado no Dia Internacional da Mulher, em 8 de março de 1982, foi pensado como um jornal comunitário internacionalista de distribuição local. Com uma estrutura especificamente anticapitalista e anti-imperialista, o *Outwrite* almejava conectar as lutas das mulheres ao redor do mundo e era motivado pelo apagamento das resistências feministas de "mulheres negras e do Terceiro Mundo". Suas fundadoras ocupavam posições variadas nos diversos espaços do movimento feminista e tinham níveis de experiência diferentes com mídias impressas.

O jornal partia do princípio de que havia grupos enormes de trabalhadoras sem acesso à informação sobre as lutas das mulheres no mundo. O objetivo era combater a difusão de desinformação liberal por meio da produção de um documento barato e acessível, capaz de demonstrar as múltiplas demandas de grupos de militâncias feministas nas respectivas localidades, num esforço de consolidar um movimento global de mulheres. Naqueles tempos de crise neoliberal abertos pelo thatcherismo, o *Outwrite* encorajou mulheres engajadas no movimento a colocar no papel suas reflexões, observações e ideias, criando uma pequena equipe de "repórteres" em campo em todo o Reino Unido que desafiasse a natureza hierárquica do jornalismo tradicional. As editoras do *Outwrite* pretendiam preencher um vazio e, portanto, estavam determinadas a semear um feminismo internacionalista, capaz de ultrapassar fronteiras e oferecer uma perspectiva crítica sobre as forças ideológicas dominantes na crítica feminista feita na Europa e nas Américas. Essa intenção estava explícita desde a concepção do jornal. Em um artigo de destaque no número 56, de março de 1987, elas refletem sobre o impacto da hegemonia ocidental nas percepções de feminismo e do "movimento de mulheres".

> Precisamos questionar se a maioria das mulheres se opõe, de fato, aos ideais amplos do feminismo – aumento da liberdade social e psicológica das mulheres – ou se sua resistência é àquele tipo específico de feminismo proveniente da experiência branca e de classe

média do Ocidente, mas popularmente projetado como representante do "Movimento de Mulheres" pela mídia e pela maioria das feministas ocidentais de classe média. As pesquisas que investigam a percepção das mulheres pobres e do Terceiro Mundo sem recorrer aos conceitos feministas ocidentais são bastante esclarecedoras.[21]

Ao longo dos quase sete anos de publicação do jornal, o objetivo de valorizar as contribuições das "mulheres negras e do Terceiro Mundo" foi alcançado de maneira singular, graças a uma orientação fortemente anti-imperialista e fraterna. Essa disposição reforçava a necessidade de uma análise a partir da perspectiva do Sul global na luta proletária. O grupo focou modos coletivos de escrita que transmitissem seu entendimento geral sobre a conectividade das lutas políticas. Escreviam coletivamente para demonstrar seu desprezo pelas hierarquias e dar espaço a uma crítica robusta, sem priorizar opiniões individuais. O *Outwrite* fez parte de uma profícua cultura de zines e materiais impressos durante o governo conservador de Margaret Thatcher, de certa forma atuando como resistência contra as leis e as políticas que reforçavam o poder da polícia e das forças de vigilância, reafirmavam a centralidade do Estado-nação expulsando "imigrantes" e rotulavam como anormais feministas, pessoas LGBTQIA+, trabalhadoras e trabalhadores sexuais. Nesse período, muitas estratégias culturais subversivas foram criadas por artistas que trabalhavam em conjunto com o BLK Art Group ou atuavam na luta popular pela produção de diferentes formas de arte, cultura e educação política que fizessem oposição à natureza opressiva do governo liberal. Essas ambições culturais dependiam do sentimento de raiva para ganhar corpo, mas também do apoio

---

21 *Outwrite*, n. 56, London, 1987. Disponível na Feminist Library (London).

de infraestruturas públicas locais, que financiavam projetos coletivos e individuais e asseguravam que tivessem espaço para trabalhar. No ensaio "Producing a feminist magazine", a cofundadora do *Outwrite* Shaila Shah contou que as criadoras se encontravam semanalmente no Central London Women's Centre e trabalhavam com outros grupos e coletivos na publicidade, distribuição, produção e cronograma do jornal.[22]

Em defesa de um feminismo internacionalista, as autoras destacavam as semelhanças das condições das mulheres trabalhadoras ao redor do mundo e incluíam atualizações e desdobramentos das causas socialistas em que estas estavam envolvidas. Os artigos constituíam uma ferramenta para fortalecer e fomentar um sentimento cada vez maior de insurgência: a sensação de que o crescimento de um movimento global de mulheres seria irrefreável e de que a conscientização crescia em todos os cantos do mundo. Shah comenta ainda que o grupo refletia profundamente sobre o papel que desempenhava no movimento de mulheres – em especial a capacidade de atuar como um veículo apto a mudar a direção desse movimento a partir do questionamento crítico das parcas reivindicações do feminismo liberal. Acima de tudo, a crença contínua no entrelaçamento entre linguagem feminista e ação mantinha-se como o aspecto fundamental do grupo. Ainda que elas não entendessem plenamente a importância do potencial revolucionário que transbordava do *Outwrite* enquanto objeto cultural, o trabalho das autoras e editoras refletia a tenacidade de um movimento global de mulheres cujas reivindicações buscavam melhorar a vida de todas as pessoas.

---

22 Shaila Shah, "Producing a feminist magazine", in Gail Chester (org.), *In Other Words: Writing as a Feminist.* London: Routledge, 2013.

Em vez de colocar o centro imperial como ponto de partida da análise e expandi-la para outras geografias, vários artigos do *Outwrite* foram escritos sob a perspectiva de pessoas diretamente engajadas na luta fora da Europa, com o objetivo de fortalecer os laços ideológicos entre causas diferentes em prol do avanço estratégico. Shah afirma que os artigos abordavam "cooperativas de trabalhadoras no Zimbábue, [...] protestos de mulheres no oceano Pacífico contra o despejo de resíduo nuclear, contra o sionismo". O número 46 cita a primeira conferência da Union of Women's Work Committees, realizada em 27 de fevereiro de 1986, em que "palestrantes de toda a Faixa de Gaza reafirmaram, em discursos e poemas, a necessidade de nos unirmos, de desenvolvermos nossa autonomia enquanto mulheres e participarmos de forma mais plena e igualitária da luta social em favor da libertação da Palestina". Elas declararam sua intenção de reunir mais de mil membros até 1986, afirmando que, "considerando que começamos com meia dúzia de membros em 1983 e hoje já somamos setecentas filiações, e diante do entusiasmo das mulheres presentes nesta conferência, isso com certeza se concretizará!".

Em uma matéria de duas páginas sobre a participação feminina no Congresso Nacional Africano (CNA),[23] publicada em 1985 no número 41, a autora, provavelmente uma jornalista do *Outwrite*, entrevista um porta-voz da organização e questiona as tendências reformistas do partido e seu compromisso com a luta armada.

As reuniões com empresários e multinacionais revelam certa esperança do CNA de chegar ao poder por meio de negociações? Estou

---

23 O Congresso Nacional Africano (CNA) é o principal partido político da África do Sul desde 1994, quando chegou ao poder nas primeiras eleições após o fim do *apartheid*. Foi presidido por Nelson Mandela de 1991 a 1997. [N. E. F.]

errada em entender o convite à luta armada como uma espécie de catapulta para acelerar movimentos diplomáticos? [...] Por que o CNA se reuniu com empresários? Não posso aceitar sua resposta anterior sobre dividir para conquistar. Considerando que o CNA se baseia na Carta da Liberdade e o povo da África do Sul os reconhece como representantes do povo, vocês estão em vantagem. Por que negociar?[24]

Esse tipo de pergunta demonstra o espírito revolucionário que regia o projeto do *Outwrite*, a seriedade com que aquelas mulheres enxergavam a necessidade moral da luta armada e a sede de transformação que as levou muito além das fronteiras bem erguidas do Estado britânico. Os apelos consistentes e contínuos por apoio à resistência contra o *apartheid* e outras formas de violência nacionalizada tiveram um papel essencial em demonstrar quais causas o feminismo deveria se esforçar para defender. Como documento que reuniu e situou a ambição da radicalidade feminista, a visão do *Outwrite* foi sempre decisiva, sempre ampla, sempre direcionando o olhar crítico afiado de suas leitoras e leitores para o mundo.

A Feminist Library, no bairro de Peckham, em Londres, abriga uma vasta coleção de jornais do *Outwrite*. Enquanto esteve ativo, a maioria dos jornais dependeu de financiamento do Greater London Council para arcar com os custos de produção. A existência do *Outwrite* é um produto importante de uma era em que as comunidades trabalhadoras ainda não tinham sido totalmente abandonadas pelo Estado: as militâncias populares prosperavam graças às políticas governamentais, que ofereciam educação gratuita, ampla disponibilidade de habitação social e um semblante

---

24 *Outwrite*, n. 41, 1985. Disponível na Feminist Library (London).

de bem-estar social, até que esses recursos foram destruídos durante os anos do governo Thatcher. Esse subsídio teve consequências duradouras no panorama da militância na época, o que simplesmente não existe para as organizações feministas contemporâneas. No entanto, a incapacidade de obter algum tipo de financiamento independente limitou o alcance do *Outwrite* e levou, afinal, à sua descontinuação. Shaila Shah escreve que muitas iniciativas foram frustradas pelas divisões ideológicas do grupo editorial e das condições de trabalho precárias e insustentáveis.

Como peça única de produção cultural, o *Outwrite* pode ser entendido como um excelente exemplo de promessa comunista: uma aliança transnacional que fortalece as intrincadas frentes de resistência para subverter as opressões. Contudo, Tracy Fisher e várias outras acadêmicas escreveram sobre as consequências da institucionalização de muitas organizações de mulheres negras e não brancas nascidas como iniciativas populares nos anos 1980, o que tornou a manutenção de suas estruturas centrais excessivamente dependentes de subsídios públicos.[25] Essa institucionalização transformou muitos grupos organizados autônomos e espaços autogeridos em prestadores de serviço, o que conduziu a uma guinada ideológica conservadora importante. A organização sem fins lucrativos Southall Black Sisters, que prestava serviços de apoio a vítimas de violência doméstica e contava com a participação de várias colaboradoras e editoras do *Outwrite*, acabou por incorporar algumas das visões mais reacionárias da política feminista liberal do Reino Unido, integrando-se ao setor profundamente carcerário e biologicamente essencialista da "violência contra mulheres". Incluo aqui essa contradição

---

25 Tracy Fisher, "Race, Neoliberalism, and 'Welfare Reform' in Britain", *Social Justice*, v. 33, n. 3 (105), 2006, pp. 54–65. Disponível on-line.

para reforçar a complexidade do panorama atual do feminismo, que continua assombrado tanto por elementos revolucionários quanto pelos elementos reacionários de coletivos radicais, como foi o *Outwrite*.

3.

No arquivo de Jessica Huntley, encontrei um pequeno recorte de papel que continha a seguinte mensagem manuscrita: "A luta da nossa gente no Caribe contra o sistema de exploração engendrado e perpetuado pelo capitalismo internacional também é uma luta nossa".[26]

...também é uma luta nossa.

Essa afirmação é um símbolo do princípio do pensamento político de Huntley. A reivindicação das lutas dos países pós-coloniais "para si" e, portanto, "para nós" transforma a luta por liberdade em projeto global. Embora não seja possível afirmar que a própria Jessica escreveu essa anotação, ela parece pertencer a seus escritos como um resumo das ideias que a guiaram em sua vida política. Nascida na então Guiana Britânica (atual Guiana) em 1927, Jessica Huntley emigrou para o Reino Unido com seu marido, Eric Huntley, após participar da fundação do Partido Progressista Popular da Guiana Britânica, um partido socialista dos anos 1950. Os dois tiveram participação central nas lutas populares do movimento Black Power contra a segregação racial[27]

26 Jessica Huntley e Eric Huntley, "Huntley, Eric and Jessica {Guyanese Black Political Campaigners, Community Workers and Educationalists}", LMA/4463. London Metropolitan Archives, 2012.

27 Embora não houvesse uma lei prevendo a segregação racial no Reino Unido, até 1965 não havia leis que a proibissem. Dessa forma, práticas

e a brutalidade policial e no movimento pelo avanço da educação suplementar para crianças negras.[28] O casal é, provavelmente, mais conhecido pela fundação da editora Bogle-L'Ouverture, em 1969. Longe de mostrar uma acomodação à classe média, o arquivo de Jessica Huntley é um testemunho de como o desejo por liberdade preencheu sua vida e sua rotina: pela criação de espaços para que as pessoas pudessem verbalizar suas reivindicações ao Estado e elevar sua consciência política, questionando as estruturas neocoloniais que impunham obediência às pessoas negras pela violência e os condenavam à pobreza em todo o mundo. A dimensão revolucionária desse trabalho não costuma ser lida sob a ótica feminista, mas Huntley entendia, como entendem as feministas radicais, a natureza constitutiva das forças opressivas e a necessidade de uma resposta que levasse em consideração a interdependência duradoura.

Sempre determinados a expor os fios que conectam vidas no capitalismo global, Eric e Jessica foram os primeiros a publicar o texto seminal de Walter Rodney, intitulado *The Groundings with My Brothers*, em 1969. A editora Bogle-L'Ouverture começou como uma pequena livraria na casa do casal antes de se expandir e ocupar um espaço comercial. Jessica e Eric colaboraram para a Primeira Feira Internacional de Livros Radicais Negros e de Terceiro Mundo, cedendo o espaço da livraria Bogle-L'Ouverture,

discriminatórias ou segregacionistas eram comuns em estabelecimentos comerciais. [N. E. F.]

28 Confrontados com um sistema de educação nacional racista e inadequado para as necessidades das crianças negras, responsáveis por alunos das comunidades negras do Reino Unido se organizaram a partir de meados dos anos 1960 em prol de uma educação suplementar. Nesses espaços, era oferecido reforço em disciplinas da educação básica, além de ensino cultural, linguístico ou religioso relevante no seio da comunidade. [N. E. F.]

posteriormente rebatizada como Walter Rodney, para as reuniões do movimento Black Power, então em plena expansão no Reino Unido. Verdadeiros bastiões do mercado editorial negro, eles promoveram a circulação de diversos textos relacionados à causa negra, à escravização e às revoltas anticoloniais. Na edição de 1983 de *The Groundings with My Brothers*, Jessica e Eric Huntley escreveram:

> Nós [...] fizemos parte de uma aliança ampla com o Black Parents Movement, o Black Youth Movement e o Race Today Collective. Essa aliança contribuiu para a formação do Comitê Contra a Repressão na Guiana e estruturou as lutas em Londres e em outras partes da Europa em 1979 e 1980, quando trabalhadores da Guiana se levantaram contra a repressão do governo Burnham, o que levou [...] ao apoio a Walter Rodney após seu afastamento da Universidade da Guiana. [...] Em cada momento decisivo, esperava-se que déssemos [a Walter Rodney] o apoio muito necessário, pessoal e político, e foi o que fizemos. Quando ele foi assassinado, sofremos não apenas pela morte de um autor, mas também de um amigo e camarada.[29]

Embora residisse na Inglaterra, Jessica Huntley mantinha um arquivo abarrotado com cartas, pedidos de ajuda e bilhetes sobre a luta contínua contra a repressão do governo de Forbes Burnham e a campanha generalizada contra a demissão de Walter Rodney do cargo de professor em razão de seu posicionamento político revolucionário. Documentos do Committee of Concerned West Indians mostram várias ações de solidariedade e a voz clara de dissidentes da diáspora ao governo Burnham.

---

29 Walter Rodney, *The Groundings with My Brothers*. London: Bogle--L'Ouverture, 1969.

Em um dos comunicados de imprensa feitos pelo grupo lê-se:

> Há muito pouco tempo, o governo expulsou trabalhadores e camponeses que ocupavam as terras de Booker Bros McConnell Limited.[30] O governo continua negando liberdade de imprensa ao ponto de impor limitações à importação de papel-jornal. [...]
>
> Em repúdio às ações autoritárias do governo da Guiana contra o povo guianês, faremos uma reunião de protesto no Conway Hall, Red Lion Square, na sexta-feira, dia 13 de setembro de 1974, às 19 horas.[31]

Diversos telegramas comprovam o trabalho de Jessica, como parte do Committee of Concerned West Indians, para divulgar a demissão de Walter, incluindo uma carta ao Alto Comissariado na Guiana, escrita em 1975, que descreve os piquetes no escritório da instituição em setembro do ano anterior e a ausência de resposta, apesar da promessa de publicar textos sobre o protesto.

Em um telegrama do editor do *Times*, de 25 de setembro de 1974, lê-se: "Prezada sra. Huntley, apesar da impossibilidade de publicar a carta enviada recentemente, o editor assegura que seus comentários foram lidos com bastante interesse".[32] Essa troca de correspondência é testemunho da veracidade do marxismo de Huntley. Suas ações e sua militância partiram do contexto dos trabalhadores e trabalhadoras do campo na

---

30 O Booker Group era o maior fabricante, varejista e empregador da Guiana. Fundado em 1970, iniciou suas atividades como uma empresa de açúcar.

31 Jessica Huntley e Eric Huntley, "Huntley, Eric and Jessica {Guyanese Black Political Campaigners, Community Workers and Educationalists}", op. cit.

32 Ibid.

Guiana Britânica. Seus arquivos evidenciam um comprometimento em nomear e, portanto, desnaturalizar as condições opressivas em que vivia. Seu foco era não apenas demonstrar solidariedade às pessoas mais pobres da diáspora, mas também garantir que as histórias da resistência radical negra fossem amplamente difundidas no sistema de educação do Reino Unido. Esse trabalho voltado para as comunidades, construído a partir de uma lógica desigual de gênero e expressa como uma ética do cuidado, é uma prática política que, ainda hoje, permanece pouco teorizada fora dos círculos feministas. Considerando seu papel na criação do primeiro governo da Guiana Britânica, a centralidade de Huntley na política radical negra do Reino Unido não deveria ser surpresa. É importante ressaltar que sua consciência política foi formada muito antes do contato com o centro imperial, embora algumas pessoas suponham ter sido uma consequência natural da vida sob um regime colonial. A enorme quantidade de textos radicais escritos por ela que dão conta do aumento da participação de membros da comunidade das Índias Ocidentais em negócios dentro e fora do Reino Unido mostra que o princípio do transnacionalismo liberta a consciência radical da jaula que são as fronteiras. O radicalismo é um fenômeno de livre circulação.

Os objetivos revolucionários do trabalho de Jessica Huntley, a propagação do conhecimento por meio da publicação radical, a preservação da história cultural e o projeto de assegurar liberdade a trabalhadoras e trabalhadores não podem ser limitados pela geografia: suas ideias e mobilizações políticas se espalharam por todo o mundo. O elemento de conscientização nos protestos mencionados anteriormente, organizados por Huntley, implorava à classe trabalhadora na diáspora que reconhecesse a si mesma como parte de uma classe mundial, o que a levava a acolher as reivindicações e o esforço de militância dos movimentos de outros países como se fossem seus. Huntley era firme em seu posicionamento contra a lógica de crise e se opunha à separação e à dispersão violenta de pessoas promovidas pelo colonialismo: o objetivo alienante, sua maneira de decidir quem merecia viver, sua capacidade de separar e realocar pessoas em locais determinados. Ela usou todos os recursos à sua disposição para desnaturalizar o poder dos regimes governamentais e apoiar tentativas de revolta popular em todo o planeta, pois entendia que a história de uma nação é a história de todas as nações e que a tarefa de todo ser humano engajado na luta é reconhecer camaradas "do lado de lá" da fronteira como cocriadores e cocriadoras da resistência.

Nossos negócios e nosso destino

O relato da visita de uma delegação de estudantes, organizada pela Society for Anglo Chinese Understanding em 1977, foi publicado no *Speak Out!*. Olive Morris, no texto intitulado "A Sister's Trip to China", afirma:

> Todas as pessoas africanas e asiáticas fazem parte do Terceiro Mundo e compartilham uma história comum de colonialismo e exploração imperialista. Muitos dos nossos países expulsaram os exploradores estrangeiros e alguns ainda estão nesse caminho, mas muitos de nós alcançamos a independência e seguimos sem o controle total dos nossos negócios e do nosso destino.[33]

33 Olive Morris, "A Sister's Trip to China", in M. Miller (org.), *Speak Out! The Brixton Black Women's Group*, op. cit., p. 28.

106 Lola Olufemi

Em resposta à sua crise de vida – a luta das chamadas nações "de Terceiro Mundo" pela libertação das garras imperialistas da Europa e dos Estados Unidos –, Olive Morris e outras feministas racializadas formaram laços de solidariedade que as aproximaram de outras pessoas engajadas na luta pela análise crítica e pela ação prática. Aqui, "solidariedade" não significava uma mão estendida do centro para as periferias. Pelo contrário: era um movimento recíproco que reconhecia a impossibilidade do individual. Quando cita "nossos negócios" e "nosso destino", Morris não está falando de um país isolado que existe como uma ameaça potencial aos outros, mas sim de uma promessa comunista: a existência coletivizada, um mundo em que todas as pessoas possam ser ricas do que é necessário. Ela vislumbra um lugar em que fronteiras não mais determinem a trajetória de uma vida.

Morris e suas camaradas não aceitaram se render e responderam à crise com uma ética do cuidado que funcionava contra a lógica extrativista do capital e o abandono do Estado, buscando, na direção oposta, mesclar suas visões políticas com as visões provenientes de lugares além do que seus olhos podiam ver. Essa solidariedade não era condicionada a qualquer limitação: em vez de estabelecer laços baseados em sua posição de "mulher", elas entendiam a si e às demais como parte de uma *classe universalmente subjugada* (constituída desproporcionalmente por raça e gênero) que poderia livrar seu destino do controle dos regimes de poder capitalistas e patriarcais. Esse gesto demonstrou, explícita ou implicitamente, a maior força metodológica do feminismo: mapear os contornos da militância política e não se render à dicotomia crise/estabilidade da qual dependem as democracias liberais.

Nas palavras de M. Jacqui Alexander, o feminismo transnacional é:

uma forma de pensar sobre as mulheres em contextos semelhantes em todo o mundo, em diferentes espaços geográficos, e não apenas sobre as mulheres como um todo pelo mundo. A consciência de uma série de relações desiguais entre as pessoas e a adoção de posicionamentos críticos antirracistas e anticapitalistas é o que torna o trabalho de solidariedade feminista possível.[34]

Os princípios e as éticas do transnacionalismo colocam em xeque os limites de conceitos determinados e nos convidam a ultrapassá-los a fim de fortalecer uma rejeição coletiva dos termos fixados pelos Estados-nação e seus governos. A alma dos fragmentos que desenterrei dos arquivos e apresentei aqui é um desejo intenso de enxergar além de si, de dar nome a um opressor partilhado e fazer tudo o que for possível para garantir a destruição do capital: essa força que destrói vidas, mas molda nossa existência todos os dias. Essa ética transnacional é como uma nova diretriz: contra a miséria de cada dia, redireciona nosso olhar, nos faz experimentar *um futuro que poderia ser hoje, deveria ser hoje e que precisamos criar hoje*. Essa convicção nascida de uma solidariedade transnacional funciona como um bálsamo em face dos discursos de crise que dão lugar à imobilidade afetiva e política. Não é um prêmio de consolação pela discordância ou pela dissidência, pelo contrário: o trabalho transfronteiriço mostra que é possível mover-se política, social e culturalmente. É um lembrete da nossa capacidade de desmantelar e reconstruir um mundo baseado em genocídio e exploração.

O maior aprendizado que podemos tirar das tendências transnacionalistas do movimento feminista e do Black Power

---

34 Sara Salem, "Transnational Feminist Solidarity in a Postcolonial World". *The Sociological Review Magazine*, 3 jul. 2019.

não é a união ou a acomodação, mas sim a sabedoria de construir as bases de uma conectividade: uma disposição constante para aprender e crescer cruzando as linhas divisórias das fronteiras, uma gestão circular de informação, habilidades e recursos, e a tendência a apoiar-se em um novo movimento quando o antigo começa a declinar. A solidariedade transnacional busca iluminar o caminho em uma paisagem destroçada. Ela nos lembra quanto cada uma de nós é útil e evidencia a liberdade como lugar onde podemos ensaiar, construir, descobrir, desenhar, fazer, moldar, avançar, esquematizar e esculpir coletivamente. Seu legado é a lição de que a liberdade só é possível se for compartilhada.

Se a crise nos assombra, é porque o tempo não é linear. O "passado" retornou e trouxe consigo a mesma obrigação: resistência. O transnacionalismo, sempre muito atento ao fato de que o acúmulo de capital requer distribuição desigual da exploração de mão de obra e de que as ambições imperialistas movidas pelo lucro ditam a existência mundial, é uma ferramenta estratégica poderosa. Ele enfatiza que a liberdade envolve comunhão e oposição às forças que visam nos restringir a um lugar, a um tempo. Ao envolver-nos, em conjunto, na luta moral, interrompemos e destruímos o fluxo do capital: essa ameaça é a promessa do comunismo. Precisamos nos esforçar para mantê-la.

TRADUÇÃO Juliana Pavão

VERDADEIRAMENTE RADICAIS

AS LUTAS TRANSFEMINISTAS DIANTE DA MUDANÇA NEOCONSERVADORA ANTIGÊNERO E SUA CONVERGÊNCIA COM O MOVIMENTO TRANSEXCLUDENTE

Sayak Valencia

SAYAK VALENCIA nasceu em TIjuana, México, em 1980. Doutora em filosofia, transfeminista, ativista, poeta, ensaísta e performer, é professora e pesquisadora no Colegio de la Frontera Norte, no México, e autora de *Capitalismo gore* (Sobinfluência, 2023).

Introdução

Escrevo esta análise num contexto particularmente complicado para as lutas transfeministas no México. No dia 21 de fevereiro de 2023, um grupo de ativistas da comunidade trans da Cidade do México foi agredido fisicamente pela polícia da capital, depois de se manifestar contra a proposta de lei apresentada por América Rangel, deputada do Partido de Ação Nacional (PAN), partido da direita mexicana,[1] para impedir que trans jovens tenham direito de autodeterminação sobre seu corpo.

Infelizmente essas cenas de violência física e de discriminação contra as comunidades trans[2] tornaram-se cada vez mais comuns depois do tiro de largada dado pela ascensão de Donald Trump nos Estados Unidos e Jair Bolsonaro no Brasil[3] como presidentes de extrema direita no nosso continente.

Esses atos de confronto direto e violento contra as comunidades trans* – e também contra outras comunidades vulneráveis, como as de migrantes (in)documentados/as e/ou racializados/as – ocorridos na maior parte do mundo não são fatos isolados:

---

1 Daniel Alonso Viña, "Una protesta por los derechos de las personas trans enfrenta a las autoridades con los manifestantes en el Congreso de Ciudad de México". *El País*, 22 fev. 2023. Disponível on-line.

2 Trans (sem asterisco) é mais bem aplicado a homens e mulheres transexuais, ao passo que trans* (com asterisco) chama a atenção para um esforço de incluir todas as identidades não cisgênero, notadamente transgênero, transexual, travesti, *genderqueer*, gênero fluido, não binária, *genderfuck*, agênero, sem gênero, terceiro sexo, biespírito, bigênero, mulher transexual, homem transexual.

3 Muito embora o problema do fascismo 2.0 tenha antecedentes muito visíveis e anteriores a alguns golpes de Estado pré-produzidos pelos meios de (des)informação, como mostra o golpe de Estado midiático que derrubou a então presidenta do Brasil, Dilma Rousseff, em 2015, e preparou o caminho para a posterior vitória de Jair Bolsonaro.

correspondem na verdade a uma trama muito bem orquestrada pelo crescimento mundial da extrema direita renovada.

Tal como afirmam Daniel Kent Carrasco e Diego Bautista Paéz no dossiê "Una epidemia ideológica: las ultraderechas en el mundo actual", publicado em 2020 na *Revista Común*, o entusiasmo ideológico a favor da ultradireita avançou pelo Atlântico com o surgimento de

> neonazistas na Grécia, Alemanha e Ucrânia; franquistas na Espanha; supremacistas brancos nos Estados Unidos e no Reino Unido; e regionalistas xenofóbicos na Inglaterra, na Itália, na França e na Escandinávia. [Mas também] pelas ruas do Sul global, alimentando a origem do obscurantismo farsesco do bolsonarismo no Brasil, a consolidação da agenda abertamente fascista da direita indiana transnacional, o etnonacionalismo conservador turco liderado por Recep Tayyip Erdogan, o gangsterismo genocida do governo de Rodrigo Duterte nas Filipinas, o regime ultraprivilegiador da segurança pública de Nayib Bukele [em El Salvador] e o ressurgimento da ultradireita reacionária classista, católica e racista no México.[4]

Essa direita autoritária, de caráter sobretudo (embora não exclusivamente)[5] neoliberal, continua administrando os mercados e,

---

4 Daniel Kent e Diego Bautista, "Una epidemia ideológica: las ultraderechas en el mundo actual". *Revista Común*, 27 out. 2020.

5 Essa precisão é importante porque o binômio esquerda/direita é questionado à medida que o autoritarismo cis-heteropatriarcal se expande para além da direita e é assumido também por figuras da esquerda internacional, como Manuel López Obrador (Cidade do México) e Nayib Armando Bukele (El Salvador), para citar apenas dois mandatários com agendas aparentemente de esquerda que retomam o conservadorismo com relação

assim, conta com capital suficiente para contratar plataformas digitais e figuras polêmicas que disseminam suas mensagens reacionárias e contra os direitos humanos, tanto na virtualidade das redes sociais como nos espaços físicos do meio acadêmico, da cultura (em todas as suas extensões) e dos vários ativismos.

Uma das estratégias mais notórias dessa expansão do conservadorismo é a apropriação de teorias críticas para recheá-las de conteúdos ultraconservadores em que se coloca novamente o ideal do Estado autoritário, refletindo uma axiologia favorável à família tradicional, aos valores religiosos, à defesa do nacionalismo e do nativismo extremos. Assim como um constante apelo a argumentos binários e essencialistas sobre a ideia do sexo biológico como inalienável e indiscutível.

Esses discursos exaltam três tipos de figuras "carismáticas" que aparentemente pertencem a ordens simbólicas diferentes, mas que convergem na distopia neofascista:

1) Homens cisgênero desafiadores e abertamente misóginos, em sua maioria – mas não todos – heterossexuais. Parece-me importante assinalar esse ponto porque, embora seja certo que os valores defendidos pelas agendas conservadoras são encarnados de modo semiótico em corpos cisgêneros e heterossexuais, não é assim em todos os casos. Lembremos que uma das principais diversões dessa agenda ultradireitista é mesclar discursos críticos e conteúdos reacionários. Assim como cooptar ou criar personagens polêmicos e/ou *influencers* que pertençam a grupos oprimidos ou contrários à agenda conservadora para desvirtuar as lutas e reivindicações a favor dos direitos dessas populações. Sob a administração Trump, por exemplo, a Alt-Right (direita alterna-

ao gênero e à sexualidade e desprezam ou criminalizam publicamente os movimentos feministas e LGBTQIA+, bem como suas agendas e direitos.

Verdadeiramente radicais 115

tiva) se fortaleceu nas redes sociais virtuais com *posts* incendiários de conteúdo politicamente incorreto, abertamente misóginos, racistas e xenofóbicos, por intermédio de figuras como Milo Yiannopoulos,[6] um exemplo de ícone dissonante que desprestigia certas identidades – nesse caso, a homossexual – para desvirtuar as reivindicações legítimas de comunidades como a LGBTQIA+.

2) Mulheres cisgênero heterossexuais que se apresentam como *influencers* de tipos diversos e reproduzem ativamente as coreografias de gênero femininas. Podem encarnar mães, esposas ou filhas exemplares, mas também empresárias que acreditam no empoderamento econômico das mulheres e em sua integração aos mercados globais sem desafiar a ordem de gênero, na qual o patriarcado e a masculinidade cis-heterossexual e conservadora devem continuar a ser o personagem principal.

Também podem adotar uma estética comercial na qual, por uma exibição hipersexualizada do próprio corpo, elas seguem a ordem de se converter em empresárias de si mesmas, produzindo uma subjetividade bio-hipermediada, em que os elementos materiais do corpo se misturam a próteses virtuais – por exemplo, filtros de rosto e corpo – que alteram a imagem e disseminam entre as mulheres o desejo de modificar o corpo. O objetivo, nesse caso, é criar semelhança e verossimilhança entre os ideais biopolíticos de gênero, sexualidade e classe no neoliberalismo por meio de um corpo que se torna uma tela encarnada. Dissemina-se assim uma nova domesticidade de gênero em que se articulam as lógicas da publicidade, vigilância, binarismo de gênero, cis-heterossexualidade obrigatória e políticas racistas, sexistas, aporofóbicas – lógicas disseminadas

---

6 Nicolás Alonso, "Milo Yiannopoulos, el agitador de la extrema derecha que fue demasiado radical". *El País*, 24 fev. 2017.

pelo embelezamento das imagens, mas que reproduzem ideais conservadores ou diluem a necessidade de politizar nossos contextos de desigualdade estrutural e estruturante.

3) Feministas transexcludentes que, por sua militância transfóbica e contra os direitos humanos, abandonam a agenda a favor da igualdade e da justiça social, aproximam-se perigosamente dos discursos difundidos pelas agendas ultraconservadoras e, em alguns casos, defendem políticas antiaborto. Por exemplo, no México, a escritora lésbica Laura Lecuona afirmou recentemente, na apresentação de seu livro contra os direitos dos transexuais, que, para frear o movimento trans, estava disposta a fazer pactos com a direita mexicana e sua agenda antiaborto. Com isso, ela se opôs a um dos pilares da agenda feminista: a autodeterminação sobre o próprio corpo – pela qual o aborto legal e gratuito é historicamente defendido como uma reivindicação impostergável por todas as agendas feministas, independentemente das diferenças existentes entre elas.

Nesse contexto repressivo e moralizante, tornam-se cada vez mais cotidianas e populares as agressões contra as comunidades trans* neste país[7] e em muitos outros que se proclamam progressistas, como o Estado espanhol, que exibe penosos exemplos de interseção das políticas antigênero com o racismo e o colonialismo. A filósofa espanhola Amelia Valcárcel é um deles. Ela não perde oportunidade de atacar as pessoas trans e o movimento queer como se os dois se equivalessem. Mostrando

---

[7] Isso pode ser verificado pelo número de assassinatos cometidos contra a comunidade trans: o México ocupa o honroso segundo lugar em assassinatos de mulheres trans. Em 2022, a ONG Letra Ese confirmou que, entre 2018 e 2022, foram assassinadas 270 mulheres trans no país. Ver "México es el segundo país con más asesinatos de personas trans en el mundo después de Brasil". *Infobase*, 25 jun. 2022. Disponível on-line.

total desconhecimento dos temas reais desses coletivos, ela incentiva a desinformação.

Valcárcel distorce e banaliza os objetivos da agenda pela igualdade de direitos para todas as pessoas – que supostamente defende desde sempre o autodenominado "feminismo da igualdade", no qual ela militou continuamente nas últimas décadas, mas sem nunca renunciar ao seu poder colonial e discursivo sobre outras feministas antirracistas, negando que o feminismo possa incluir outras genealogias, além da sufragista europeia.

Suas mensagens são difundidas através da mídia reacionária religiosa e de extrema direita, como a Cadena de Ondas Populares Españolas (Cope),[8] uma rede de rádio que durante a ditadura franquista foi – e continua a ser – um aparato de propaganda política e religiosa caracteristicamente fascista. É impossível não ver as contradições inegáveis dentro desse "feminismo de igualdade transexcludente". E Valcárcel não é a única a fazer pactos com a ultradireita, criando paradoxos discursivos e políticos.

Outros exemplos perigosos e decepcionantes da deriva fascista que busca usurpar os ideais antidogmáticos e libertários dos feminismos surgiram com vigor no Reino Unido na figura de teóricas lésbicas separatistas como Sheila Jeffreys ou da ativista antidireitos trans Lisa Morgan, que infelizmente citou *Mein Kampf*, de Adolf Hitler, durante um protesto organizado pela também ativista transexcludente Kellie-Jay Keen-Minshull, conhecida como Posie Parker, em janeiro do presente ano.[9] O vídeo foi publicado no

8 Ver "LEY TRANS: Intervención de Amelia Valcárcel en la Cope", 26 out. 2022. Disponível on-line.

9 Sophie Perry, "Gender Critical Activist Quotes Adolf Hitler in Speech Against Trans Rights at Posie Parker Rally". *The Pinknews*, 16 jan. 2023. Disponível on-line.

então Twitter, desencadeando uma guerra digital que surpreende pelo fervor dos participantes a favor ou contra.

Os exemplos mencionados até aqui são uma pequena amostra desse terrível retorno aos valores mais conservadores com relação à família, à sexualidade e ao conceito de um Estado-nação forte e machista, em que a axiologia política se transforma em repulsas viscerais, desqualificações pessoais e estardalhaços coloniais, mais do que em verdadeira *Realpolitik*. Isso é exposto por um bom número de investigações e livros sobre o tema, como *La reacción patriarcal: neoliberalismo autoritario, politización religiosa y nuevas derechas*, de Marta Cabezas Fernández e Cristina Vega Solís (2022), que mostra a escalada do discurso de ódio contra as comunidades trans e transfeministas por parte dos feminismos transexcludentes e a vinculação desse fenômeno com a extrema direita abastada. Os ataques sem trégua nas redes sociais e nas ruas são cada vez mais evidentes. Eles provêm dos setores mais reacionários da crescente extrema direita, em aliança com alguns feminismos de "igualdade" ou "diferença", conforme o caso.

Essa cisão regressiva dos feminismos pela polarização semeada por autodenominadas feministas antitrans e transexcludentes (de modo geral não racializadas e provenientes de espaços de poder acadêmicos, políticos, culturais e também de territórios colonizadores) é muito preocupante por várias razões:

1) porque o projeto emancipatório dos feminismos não pode ser propriedade de quem quer que seja;

2) porque militar num movimento excludente e que incita o ódio social e a violência, seja ela simbólica, econômica, política ou física, não pode ser considerado libertador;

3) porque a palavra "radical", usada de maneira descontextualizada, respalda a desconsideração do enquadramento his-

tórico do movimento feminista. Além disso, propor a palavra "radical" como sinônimo de polarizado, e não de algo que vai às raízes das questões dá razão aos detratores do Estado de direito que tentam instalar nas nossas agendas políticas uma espécie de "sensibilidade regressiva",[10] e essa fragmentação dos movimentos alimenta o projeto político do conservadorismo;

4) porque a argumentação que apela para a biologia com um grande desconhecimento da biologia biomolecular implica reduzir essa disciplina a slogans reacionários que insuflam ódio e se acomodam às ideias de binarismo sexual propostas pelo essencialismo cultural destituído de fundamento verdadeiramente científico. E, por outro lado, apelar para a legitimidade científica como inquestionável e produzida *ex nihilo*, esquivando-se de suas relações de poder com o cis-heteropatriarcado, é um paradoxo para o próprio movimento feminista, uma vez que, como mostraram as epistemologias feministas e do novo materialismo, historicamente a ciência ocidental construiu o sujeito feminino como subalterno e racionalmente inferior,

10 Sayak Valencia e Liliana Falcón, "From Gore Capitalism to Snuff Politics: Necropolitics in the USA-Mexican Border", in Ariadna Estévez (org.), *Necropower in North America*. Cham: Palgrave MacMillan, 2021. Minha proposta é que a sensibilidade regressiva se caracteriza pelo desejo de uma vida de direita, ou seja, o desejo de uma vida que endosse o fascismo 2.0 não como ideologia forte, mas como "uma redução das pulsões conservadoras àquilo que o pensamento crítico definiu como a 'personalidade autoritária': uma mistura de temor, frustração e falta de autoconfiança que leva o indivíduo a ter prazer com sua própria submissão" (Enzo Traverso, "Espectros del fascismo. Pensar las derechas radicales en el siglo XXI", *Marxismo Crítico*, n. 58, 6 set. 2016). Atualmente, essa sensibilidade regressiva se cristaliza no robustecimento do binarismo de gênero, no essencialismo sexual, na ascensão dos fanatismos religiosos, na ordem política, na criminalização do aborto, na defesa da nação branca e heterossexual e no crescimento desbordante da xenofobia nos Estados Unidos e no mundo inteiro.

o que é evidenciado no profundo e erudito trabalho sobre o tema realizado pela biotecnóloga transfeminista Lu Ciccia.[11]

Um pouco de história... Sobre o verdadeiro sentido do termo "radical" e sua conexão com o feminismo

Nesta seção analisarei brevemente o sentido etimológico da palavra "radical" e suas conexões com algumas agendas do feminismo radical, separatista, lésbico e não branco, principalmente dos Estados Unidos. Revisarei também o uso extrativista, deturpado e dogmático dado ao termo pelos feminismos transexcludentes, que se apropriam dele e o esvaziaram de sua história, convertendo-o num pastiche de ideias incompatíveis com o antidogmatismo como fundamento do feminismo. No contexto contemporâneo, entende-se "radical" como "polarizado", numa acoplagem discursiva que provoca dissonância cognitiva em quem se recorda do movimento feminista e separatista.

A palavra "radical" vem do latim *radix, radicem*, que significa "raiz". Em seu sentido etimológico, ela informa que "radical" é o que vai à raiz das questões. No campo social, ser "radical" significa questionar profundamente as bases da opressão, de modo que não ser radical é ser superficial e cúmplice das desigualdades. No entanto, existem uma controvérsia sobre o sentido da palavra e uma constante distorção de seu uso.

Enquanto na política "ser radical" é uma desqualificação, um posicionamento extremista, nos feminismos transexclu-

---

11 Lu Ciccia, *La invención de los sexos: cómo la ciencia puso el binarismo en nuestros cerebros y cómo los feminismos pueden ayudarnos a salir de ahí*. Buenos Aires: Siglo XXI, 2022.

dentes o sentido dessa expressão se distorceu e é utilizada de maneira manipuladora para manter o *status quo* de feministas "mulheristas", que reduzem o projeto feminista à genitalidade das mulheres cis. Sobre essa redução corporal, parece incidir todo o projeto político das lutas pela justiça social de pessoas feminizadas ou do que elas denominam sexo biológico como único sujeito do feminismo.

Mas o recurso ao sexo biológico das mulheres como único sujeito dos feminismos revela-se um contrassenso, na medida em que foi essa leitura biologicista proposta pelo patriarcado através de explicações científicas que nos construiu, a nós, pessoas feminizadas e aptas a engravidar como histórica e biologicamente inferiores. Assim, ser feminista radical não é compatível, tampouco historicamente verificável, com a ideia de fomentar o ódio e a exclusão de direitos das pessoas trans*.

Um pouco de história... Sobre o uso histórico-político da palavra "radical" associado ao feminismo

Como se sabe, o feminismo radical tem uma genealogia histórica e geopolítica localizada no fim dos anos 1960 nos Estados Unidos. Originou-se de uma cisão do Women's Liberation Movement (WLM). A partir da constatação de que tanto a National Organization Women (NOW), fundada por Betty Friedan em 1966 e caracteristicamente liberal, como o WLM, também fundado nos anos 1960, eram reformistas e não chegavam às raízes das questões suscitadas pelas críticas ao patriarcado, as radicais buscaram uma revolução libertária para as mulheres em todos os âmbitos da vida, não se limitando à questão da inclusão política tradicional e da igualdade de salários.

Contudo, é importante enfatizar que o feminismo radical surge num contexto de questionamento social profundo, no qual se situam tanto organizações que reivindicavam direitos civis – para a população afro-americana (Black Power) e a comunidade hispânica, por exemplo – como movimentos pacifistas, anticoloniais e da Nova Esquerda estadunidense, e muitas de suas integrantes provinham de militâncias diversas e pertenciam a grupos raciais minoritários e/ou se identificavam como lésbicas.

Esses comentários são necessários para desmistificar a ideia de que o feminismo radical teria sido um movimento exclusivamente branco e heterossexual, como proclamou Shulamith Firestone em sua reconstrução histórica do movimento radical. A análise de Shulamith incorre em várias imprecisões históricas e eleva a ícones feministas mulheres brancas com histórias provavelmente racistas – o que ainda na época do lançamento do livro foi criticado pela filósofa afro-americana Angela Davis no maravilhoso *Mulheres, raça e classe*[12] [1981]. Essa ressalva também é importante para entendermos que algumas estratégias de organizações e decisões políticas levadas a cabo por esse grupo de feministas, como o separatismo, foram inspiradas pela organização política conhecida como Black Panther Party. Essas estratégias foram consideradas necessárias por se entender que não era possível libertar-se dentro de uma esquerda liderada por homens cis.

Assim, a tentativa de separação radical do patriarcado e o repúdio à masculinidade cis-heterossexual como centro de poder e opressão tornaram-se bastiões para "essencializar" esse

---

12 Angela Davis, *Mulheres, raça e classe*, trad. Heci Regina Candiani. São Paulo: Boitempo, 2016.

ramo do feminismo. Curiosamente, hoje as autodenominadas RadFem transexcludentes não veem como um moto fundador essa cisão radical dos homens cis e o repúdio à heterossexualidade, ou mesmo o anticapitalismo, que é professado abertamente pelas feministas radicais.

Outro paradoxo é que, apesar de as radicais terem lutado para construir um imaginário próprio das mulheres como "classe oprimida" e proceder à necessária eliminação dos papéis sexuais, elas tiveram de lutar contra uma contradição de fundo que se repete nos nossos dias:

> Elas fomentaram a criação do sujeito "mulher" ou "mulheres" – que acabaria construindo a consequente identidade coletiva do movimento emergente –, ao mesmo tempo que, paradoxalmente, pretendiam superar essa categoria. Ao afirmar essa intenção, afirmavam a certeza de que o sexo era um critério de identificação política. No entanto, concomitantemente, por intermédio dos Grupos de Autoconsciência, trataram de conscientizar as mulheres sobre outra certeza, qual seja: não se nasce mulher, torna-se mulher.[13]

Num contexto como o contemporâneo, em que a violência de todo tipo – sexual, econômica, política, mas principalmente física (de baixa e alta gravidade) – é praticada de maneira cotidiana contra as pessoas feminizadas, torna-se quase óbvio que a promessa de uma comunidade de sentido, pertencimento e segurança captará a atenção de muitas mulheres. O desprezo patente das autoridades fomenta a desconfiança contra as insti-

---

13 Pilar Coloma Aceña, "Lo personal es político. El surgimiento del feminismo radical en Estados Unidos (1967–1970)". *Filanderas: Revista Interdisciplinar de Estudios Feministas*, v. 7, 2022, p. 118.

tuições judiciárias e gera fragmentação social; esta, por sua vez, leva muitas mulheres, sobretudo as mais jovens, a um estado de vulnerabilidade. Nesse contexto, elas podem ser seduzidas pelas ideias do feminismo radical entendido erroneamente como transexclusão.

Contudo, o uso do termo em nossos dias por parte de algumas teóricas e ativistas transfóbicas não retoma os objetivos políticos a ele associados originalmente. Em dias mais recentes, ele deu lugar a uma espécie de montagem discursiva na qual a utilização do medo de serem maltratadas, a tutela discursiva (por desconhecimento histórico para algumas ou pelo ocultamento direto de propostas verdadeiramente libertárias e incompatíveis com o discurso transexcludente) e o fomento do ódio contra as mulheres trans parecem ser os objetivos centrais do movimento feminista radical contemporâneo. Ao fazer isso, essas teóricas se apropriam de um movimento amplo, com diversidade interna, e querem apresentá-lo apenas como de oposição às mulheres trans, omitindo qualquer menção às "realidades dos homens trans, porque estas deixam a descoberto as incongruências de sua argumentação biologicista".[14] Mas vimos que, embora os objetivos das feministas radicais fossem separatistas, nem por isso eram transfóbicos ou transexcludentes.

Assim, cabe indagar sobre as formas de desvio empregadas para esvaziar o conteúdo do movimento e utilizá-lo como cavalo de Troia, a fim de introduzir e fortalecer agendas conservadoras que, em face da *sensibilidade feminista*, instalam uma *sensibilidade regressiva* disfarçada de indignação essencialista.

---

14 Aingeru Mayor et al., *Transfeminismo o barbarie*. Madrid: Kaótica, 2020, p. 8.

Uma breve revisão da teoria queer e de sua relação com a teoria crítica do gênero

Uma das estratégias retóricas do feminismo transexcludente é o desvio da argumentação e a constante apropriação de conceitos produzidos pelos discursos críticos (estratégia compartilhada com a Alt-Right): por exemplo, o conceito de *crítica de gênero*, introduzido originalmente pela teoria queer, sobretudo nos anos 1990, nas reflexões da filósofa estadunidense Judith Butler em seu emblemático livro *Problemas de gênero*.[15] Esse conceito diz o contrário do que as feministas transexcludentes professam ao se autodefinirem como "feministas críticas do gênero". A crítica de gênero supõe uma mudança paradigmática na desessencialização da tríade sexo=gênero=heterossexualidade e questiona radicalmente a visão cis-heterossexual e binária do sistema sexo-gênero.

Assim, pela perspectiva queer, abandona-se a ideia do dimorfismo sexual como natural e da heterossexualidade como obrigatória. Como afirma Carmen Romero Bachiller, "quando Butler assinala em *Problemas de gênero*: 'o sexo sempre foi gênero', ela entende que a biologia é um discurso atravessado por expectativas permeadas pelo gênero e por normas de gênero, e não um discurso asséptico".[16]

Nesse sentido, é importante destacar que a teoria queer não é apenas discurso, mas tem suas bases em movimentos sociais e retoma o espírito questionador dos feminismos negros, hispânicos, lésbicos, operários, radicais etc. quanto à estreiteza do

---

15 Judith Butler, *Problemas de gênero: feminismo e subversão da identidade*, trad. Renato Aguiar. Rio de Janeiro: Civilização Brasileira, 2022. [N. E.]
16 Carmen Romero Bachiller, "¿Quién le teme al transfeminismo?", in Aingeru Mayor et al., *Transfeminismo o barbarie*, op. cit., p. 33.

sujeito político do feminismo branco, heterossexual e reformista dos anos 1960 encarnado na ideia de Mulher sem matizes e sem interseções.[17]

Portanto, é necessário assinalar que as autodenominadas feministas "críticas de gênero" não reconhecem a genealogia queer da ideia radical e crítica de gênero. Com isso, incorrem numa contradição notável, na medida em que, como observa a antropóloga espanhola Nuria Alabao:

> dizem querer dissolver o gênero, mas questionam qualquer coisa que supostamente ameace a identidade mulher, como as identidades trans ou não binárias. Dizem que se estas se reconhecem livremente – sem um mecanismo de controle, como é hoje o dispositivo médico – se levantará a discussão da capacidade de intervenção do Estado, uma vez que desestabilizar a categoria mulher põe em risco as políticas de afirmação positiva ou de proteção das mulheres – vistas sempre como vítimas. [...] Elas garantem que lutam contra o gênero, mas o reafirmam ao convertê-lo em eixo de suas reivindicações de inserção nas políticas estatais.[18]

Além das contradições já mencionadas, é arriscado para os feminismos em geral ceder à figura da vítima como único lugar de enunciação para os corpos feminizados, visto que, como sabemos, a associação entre feminilidade e vitimização vem de muito longe e de muito tempo atrás, e foi criada pelos próprios algozes para

---

17 Sayak Valencia, "Del queer al cuir: ostranénie geopolítica y epistémica desde el sur g-local", in Fernando Rodríguez Lanuza e Raúl M. Carrasco (orgs.), *Queer & cuir: políticas de lo irreal*. Ciudad de México: Universidad Autónoma de Querétaro/Fontamara, 2015.
18 Nuria Alabao, "El fantasma de la Teoría Queer sobrevuela el feminismo", in Aingeru Mayor et al., *Transfeminismo o barbarie*, op. cit., p. 145.

taxidermizar nossas reivindicações e, sobretudo, para modular nossas potências transformadoras e nossas ações políticas.

Podemos também questionar o fato de que, dentro desses "feminismos críticos de gênero", não haja manifestações sobre temas como as injustiças raciais, a precariedade e o status migratório ou a diversidade funcional como interseções absolutamente fundamentais para pensar a vida "das mulheres" hoje.

Analisado isso, podemos dizer que, num contexto de necropolítica[19] intensiva contra os corpos feminizados, a reivindicação de proteção para as mulheres cis que o *lobby* político do feminismo institucional e das RadFem fazem junto ao Estado é um contrassenso, uma vez que a morte de mulheres cis, trans e pessoas não binárias é economicamente interessante para os capitais que o Estado administra.

Pedir proteção e dialogar com o soberano, sem questionar o capitalismo como projeto necropolítico que sustenta o espólio generalizado em que se baseia o Estado contemporâneo, não é feminismo, mas uma retradução neoliberal de políticas de gênero às quais essas feministas dizem se opor e que representam majoritariamente os interesses de mulheres cisgênero, heterossexuais, brancas, de classe média ou alta e educadas, as quais reproduzem a racionalidade sexual do Ocidente e desejam se ligar a ela. E isso, evidentemente, nada tem de radicalidade.

Outra estratégia fundamental do feminismo transexcludente é a utilização das redes sociais para a propagação de suas ideias – por intermédio de *posts* que editam a realidade, desinformam e apelam para a emoção das leitoras, *tweets* incendiários ou imagens falseadas – com o objetivo de insinuar que a comunidade trans*

---

19 Achille Mbembe, *Necropolítica: biopoder, soberania, estado de exceção, política da morte*, trad. Renata Santini. São Paulo: n-1, 2023.

é uma ameaça constante ao feminismo. Ao apelar para a emoção, procura-se instaurar um sentido comum compartilhado, porém não dialogante, que impede o aprofundamento da discussão.

Nesse sentido, busca-se conquistar[20] a sensibilidade da população, sendo essa sensibilidade entendida como "a capacidade de comunicar significado sem usar palavras, a condição do entendimento empático. É essa capacidade que dá forma à vida cotidiana e proporciona o entendimento mútuo no seio da comunidade".[21]

Evidentemente essa conquista das emoções por meio da psicopolítica digital é praticada por todos os lados: esquerda, centro e direita. A chave dessa estratégia – a que faz imensa diferença – reside em quem tem o algoritmo perfeito e o capital para financiar campanhas e aumentar a eficácia dessas ferramentas.

Transfeminismo e mani-festa-ações em face da necropolítica e do assédio neoconservador

Aqui se faz necessária uma breve genealogia sobre as ligações entre a teoria queer e os transfeminismos. *Grosso modo*, a palavra "transfeminismo" se refere a coletividades e grupos organizados ou não que se veem permeados por processos de

---

20 Essa palavra não é banal, visto que esconde imaginários coloniais que nos mostram a intermitência colonial que conecta o século xv ao xxi, com suas tecnologias e algoritmos, no nível da produção de descarte de certos corpos subalternizados, e torna evidente a conexão da dimensão colonial com o fascismo 2.0 e o feminismo antidireitos trans.

21 Franco Berardi, "Prólogo" a Irmgard Emmelhainz, *La tiranía del sentido común: la reconversión neoliberal de México*. Ciudad de México: Paradiso, 2016, p. 12.

mobilidade entre gêneros, sexualidades e também territórios. Isso significa que, para uma parte do movimento transfeminista, este não se reduz a uma política identitária de gênero nem à inclusão das pessoas trans no feminismo, mas visa, em vez disso, ampliar seu sujeito político (como propõem diferentes teorias feministas, inclusive a perspectiva queer/cuir), que não se concebe unicamente como um generismo nem como uma redução à corporalidade de mulheres cis-sexuais. Falarei mais extensamente sobre isso nos próximos parágrafos.

O termo "transfeminismo" tem significados diferentes e várias genealogias. No contexto estadunidense, sua invenção é atribuída a Diana Courvant, que o utilizou pela primeira vez em 1992 durante um evento na Universidade de Yale. Nesse mesmo contexto, Courvant e Emi Koyama criaram em 2000 uma página chamada *transfeminismo.org* para difundir o *Transfeminism Anthology Project* [Projeto de Antologia do Transfeminismo], que tinha como objetivo introduzir o termo "transfeminismo" no mundo acadêmico, assim como encontrar e conectar pessoas que estavam trabalhando com esse tema ou temas afins para publicar uma antologia sobre o assunto.

O termo também foi usado em 2000 por Robert Hill,[22] que o define como a incorporação do discurso transgênero ao discurso feminista. Contudo, o transfeminismo que abordaremos nesta reflexão é o que surge a partir de 2008 nas redes feministas de intercâmbio transnacional e pode ser localizado na Espanha, embora não unicamente, já que está atravessado pela prática e pelo discurso de várias vozes e corporalidades migrantes que se exprimiram em jornadas, seminários, colóquios, manifestações

---

22 Ver Robert Hill, *Menacing Feminism, Educating Sisters*. Adult Education Research Conference, 2000. Disponível on-line. [N. E.]

etc., realizados com regularidade desde 2008 até esta data em vários países de língua espanhola, sendo o México um deles.

Como ferramenta epistemológica, o transfeminismo não se dissocia do feminismo nem se propõe como superação deste, mas sim como uma rede capaz de abrir espaços e campos discursivos para todas as práticas e temas da contemporaneidade e do *futuro devir minoritário* que não eram abordados de modo direto pelo feminismo branco e institucional. Da mesma forma, tece laços com a memória histórica e reconhece a herança dos movimentos feministas aos quais se integraram as minorias raciais, sexuais, econômicas e de migrantes, ao mesmo tempo que se nutre, discursivamente e politicamente, desses movimentos. Partindo dessa perspectiva, na genealogia do transfeminismo é possível esboçar quatro linhas interseccionais:

1) os feminismos não brancos do Sul global e das comunidades marginalizadas dos Estados Unidos;

2) a dissidência sexual e seu deslocamento geopolítico e epistêmico para o Sul: do queer ao cuir;

3) o movimento pela despatologização das identidades trans (Stop Trans Pathologization) e o movimento pró-puta, a favor da desestigmatização e da legalização do trabalho sexual e também contra o uso do insulto "puta", empregado como arma contra as pessoas feminizadas que fazem uso desinibido do corpo e de sua sexualidade;

4) os devires minoritários produzidos pela diversidade funcional, pelas migrações e pela precarização econômica.

Nesses contextos transversais, os transfeminismos fazem um apelo para que se proponham atualizações teórico-práticas sobre a realidade e a condição das mulheres dentro dela. No entanto, esse apelo não se reduz aos corpos legíveis como mulheres cis; inclui as diferentes corporalidades e dissidências críticas, desde que levem em conta as circunstâncias econômicas específicas do tema da precarização (laboral e existencial) internacional.

Os sujeitos do transfeminismo podem ser vistos como uma espécie de *multidões queer/cuir* que, pela materialização performativa das variações do gênero e da sexualidade, conseguem desenvolver agenciamentos glocais. A tarefa dessas *multidões queer/cuir* é desenvolver categorias e executar práticas que não procurem se assemelhar aos sistemas de representação impostos pela hegemonia capitalista do sistema heteropatriarcal--classista-fascista. Além de inventar outras formas de ação que reconfigurem a posição do Sul como um posicionamento crítico, e não somente como uma localização geopolítica.

Dentro desses marcos, o transfeminismo não se reduz à incorporação do discurso trans ao feminismo: ele pode ser entendido como um movimento migrante e relacional, assim como uma contestação desobediente aos sistemas de representação e repressão dominantes e uma crítica direta ao dogmatismo professado por um certo feminismo institucional e/ ou biologicista.

O mesmo ocorre com a criação de políticas dissidentes da visualidade que, ao mesmo tempo, dão destaque aos movimentos trans-viado-puta-sapatão-mestiço-migrante-precário e denunciam as consequências fáticas da violência exacerbada – que o machismo, o autoritarismo, o classismo e a homofobia alimentam – ligadas ao capitalismo *gore*.[23]

No entanto, o transfeminismo tem sentido num contexto em que o capitalismo não deixou de ser um sistema econômico, mas se diversificou até instaurar-se como uma construção

---

23 Sayak Valencia, *Capitalismo gore*, trad. Igor Peres, São Paulo: Sobinfluencia, 2024.

cultural biointegrada, na qual a gestão do regime biopolítico e psicopolítico se torna fundamental para a neoliberalização do mundo contemporâneo.

Essa neoliberalização, que também atingiu o feminismo, trabalha com a produção de "desmobilização dos cenários de luta".[24] Para o neoliberalismo atual, a produção de "subjetividade capitalística"[25] é tão rentável quanto os combustíveis fósseis e, na violência exacerbada contra as populações civis (especialmente aquelas com interseções que contrariam as injunções do binarismo sexual, racial, de gênero, classe ou diversidade funcional), torna-se também uma ferramenta de controle econômico, social, cultural e político no exercício deliberado de massacres em contextos do Norte global com características de Sul e no Sul geopolítico.

Por isso é urgente nos posicionarmos, a partir dos vários feminismos, como uma frente comum, pois, como alertou Audre Lorde nos anos 1980, "sem comunidade não há libertação", e mais: sem comunidade, há apenas um "armistício temporário entre o indivíduo e a sua opressão".[26]

Nesse sentido, é necessário retomar o projeto de criação de um bem comum que leve em consideração o fato de que "comunidade não significa abandonar nossas diferenças nem é um pretexto patético para dizer que as diferenças não exis-

---

24 Alejandra Castillo, *Disensos feministas*. Santiago: Palinodia, 2016, p. 89.

25 Félix Guattari e Suely Rolnik, *Micropolítica: cartografias do desejo*. Petrópolis: Vozes, 2013.

26 Audre Lorde, "Las herramientas del amo nunca desarmarán la casa del amo", in Cherríe Moraga e Ana Castillo (orgs.), *Esta puente, mi espalda: voces de mujeres tercermundistas en los Estados Unidos*. San Francisco: ISM, 1988, p. 91.

tem".[27] Pelo contrário, a criação de um bem comum se baseia numa atitude de autocrítica e redefinição em que se põem sobre a mesa os vários temas que preocuparam os primeiros feminismos (igualdade de direitos e acesso à cidadania), mas também aqueles de que se ocupam os novos feminismos (sexismo cotidiano, feminicídio, assédio e violência nas redes, violência multimodal) e transfeminismos (desestigmatização do trabalho sexual, despatologização dos corpos trans, ampliação do sujeito político do feminismo, interseccionalidade, colonialidade, violência sistêmica, extrativismo, bem viver etc.), que se inscrevem no contexto específico das nossas realidades contemporâneas em busca de justiça social para as maiorias, e não na mancomunação confortável com os movimentos contra os direitos humanos, algo que beira o fascismo.

O apelo dos transfeminismos é no sentido de realizar uma autocrítica que não exclua, como sujeitos do feminismo, "quem a sociedade não inclui na esfera de definição da mulher aceitável; aquelas pessoas entre nós que são pobres, lésbicas, negras, idosas",[28] que são de comunidades originárias, trans, que não participam do cânone estético ocidental, que têm diversidade funcional, que são refugiadas, migrantes, indocumentadas, precárias, que falam em línguas[29] e que, justamente por suas interseções subjetivantes e dessubjetivantes, sofrem as conse-

27 Ibid.

28 Ibid.

29 Referência à teórica feminista chicana Gloria Anzaldúa e ao seu ensaio de 1980 "Falando em línguas: uma carta para as mulheres escritoras do Terceiro Mundo", *Revista Estudos Feministas*, 8(1), 2000, p. 229–36. Anzaldúa reflete sobre as dificuldades das mulheres do Sul global para serem ouvidas, comparando essa marginalização à glossolalia – a fala em línguas – não como desqualificação, mas como metáfora para a incompreensão de seus discursos pelas estruturas de poder. [N. E.]

134 Sayak Valencia

quências físicas, psicológicas e midiáticas trazidas pela crescente globalização da violência explícita, sangrenta, mórbida, ou seja, da violência *gore* que tem efeitos reais sobre os corpos, sobretudo os feminizados.

O transfeminismo, mais do que simples gesto dissidente ou adoção de dadas estética e prostética vinculadas às performances de gênero, apela para a construção de uma frente comum social e política capaz de dar conta das violências que instauram e naturalizam artificialmente uma "estratégia narrativa deliberadamente fraturada"[30] que alcança todos os campos discursivos e pode ser identificada, com especial empenho, na forma como a mídia apresenta a violência machista. O transfeminismo como frente política se posiciona "na defesa das práticas e vivências antinormativas e antiassimilacionistas".[31]

Nesse sentido, como transfeminista, não proponho que as categorias para evidenciar nossas diferentes interseções e sua relação com a violência sejam válidas e idênticas em todos os contextos e para todos os feminismos. Entendo que a violência como ferramenta de enriquecimento pode ser identificada de forma crescente em vários espaços geopoliticamente distantes e que suas consequências recaem de maneira reiterada sobre os corpos e indivíduos feminizados. Reconhecer isso possibilita localizar as rotas das cartografias políticas do capitalismo *gore*, uma vez que essa violência se entrelaça com a criação de uma subjetividade e de um modo de agir determinados pelas forças de controle e produção do capitalismo.

---

30 Virginia Villaplana e Berta Sichel, *Cárcel de amor: relatos culturales en torno a la violencia de género*. Madrid: Museo Nacional Centro de Arte Reina Sofía, 2005, p. 69.

31 Val Flores, *Tropismos de la disidencia*. Santiago de Chile: Palinodia, 2017, p. 36.

A partir dos transfeminismos, convocamos também à complexificação do sujeito político dos feminismos, pois não queremos reduzir os sujeitos das nossas lutas. Pelo contrário, as mulheres como sujeito político dos feminismos ultrapassam o essencialismo biológico apregoado pelo feminismo transexcludente.

As mulheres como sujeito político dos feminismos são um enclave discursivo para entendermos criticamente que a diferenciação e a naturalização artificial da desigualdade que apela para o corpo binariamente sexuado fazem parte de um projeto de espólio iniciado com o confisco da propriedade comum das populações agrárias europeias, passando pelo feminicídio intensivo (conhecido como "caça às bruxas"), pela colonização da América no século xv (e pela colonialidade do gênero relacionada à colonialidade do poder, do ser e do saber) para se cristalizar entre os séculos xvii e xix por meio de um processo necropolítico que se disfarça de biopolítica para governar os corpos livres, tanto nas Américas quanto na Europa, na Ásia e na África, e inventar ficções políticas de gênero, raça e sexualidade antagonistas para evitar alianças possíveis entre as multidões vulneráveis.

Faço este breve relato histórico para recordarmos que, ao longo da história, as mulheres como sujeito político, e não como corpo sexuado, têm vivido sob violência explícita, em conjunto com toda e qualquer pessoa entendida como subalterna ou dissidente das categorias heteropatriarcais e cis-sexuais.

A violência em suas diversas versões (física, simbólica, econômica psicológica, midiática) tem sido usada contra nós como uma espécie de pedagogia da subalternização aplicada aos corpos das minorias raciais, pobres, feminizadas ou não binárias. Essas violências acumuladas tornaram-se parte do nosso cotidiano, da nossa educação, e tiveram objetivos diversos, conforme o contexto histórico, geopolítico e econômico em que foram exercidas.

A radicalização da violência nos deixa no fio da navalha, na transmutação de uma época que exige de nós a revisão de nossos conceitos clássicos, a crítica e a atualização de nossas teorias, pois, assim como Barbara Cameron, eu "não estou interessada em me juntar a uma sociedade que usa a análise, a investigação e a experimentação para concretizar sua visão dos destinos cruéis. Uma sociedade arrogante que prepara armadilhas para oprimir e destruir".[32] E, acima de tudo, não estou interessada em reproduzir a violência e a exclusão de outros corpos por meio de argumentos transexcludentes que fazem parte de uma argumentação rasa e simplista que recorre à biologia como forma de certificação e validação das diferenças e, ao fazê-lo, encontra seu próprio limite, pois utiliza os conhecidos argumentos do patriarcado para excluir as mulheres. Os argumentos cis-sexistas não diferem dos argumentos racistas, pois, nos dois casos, parte-se da essencialização e da legitimação de certos corpos – brancos no primeiro caso e cisgênero no segundo – para ocultar e justificar a supremacia de um sobre os outros.

A disputa pela representação que eleva uma identidade acima das outras é pouco realista, pois a ferocidade do capitalismo *gore* não deixa outra saída além da criação de novos sujeitos políticos para o feminismo, ou seja: "um devir-mulher entendido como ruptura com o modo de funcionamento da sociedade atual"[33] que consiga estabelecer alianças com outros

32 Barbara Cameron, "Para los que no son bastardos de los peregrinos", in Cherríe Moraga e Ana Castillo (orgs.), *Esta puente, mi espalda: voces de mujeres tercermundistas en los Estados Unidos*, op. cit., p. 38.
33 Félix Guattari e Suely Rolnik, *Micropolítica: cartografias do desejo*, op. cit., p. 101.

devires minoritários e proponha respostas a "um modo falocrático de produção da subjetividade, modo de produção que tem na acumulação do capital seu único princípio de organização"[34] e ao qual se ligam o capitalismo sangrento e a cismasculinidade como pedras angulares da racionalidade política, sexual, racial e econômica do Ocidente, espalhada em sua geopolítica e estendida, por meio do entroncamento patriarcal,[35] aos territórios das ex-colônias.

Mais especificamente, o movimento transfeminista busca evidenciar que a masculinidade (como ficção política viva e não como corpo biológico) é um dispositivo de implementação e conservação de um projeto de modernidade/colonialidade e nação que, em sua transformação, está ligado ao surgimento e à atualização da economia capitalista. Assim, a masculinidade como ficção política é um fenômeno social aparentado com o trabalho remunerado, a violência e a opressão como formas de dar continuidade aos projetos de hegemonia social e econômica, imbricando o regime necropolítico com o biopolítico por meio do modelo da democracia iluminista e da "nação heterossexual".[36] Portanto, pensar-se feminista e professar um posicionamento transexcludente é fazer pactos com o Estado necropatriarcal, proxeneta e feminicida que se apropria das nossas lutas por meio do separatismo e da destruição do bem comum.

A partir dos transfeminismos, perguntamo-nos se o generismo essencialista que fala somente para e por mulheres que

---

34 Ibid.

35 Julieta Paredes, *Hilando fino desde el feminismo comunitario*. Ciudad de México: Cooperativa El Rebozo, 2013.

36 Ochy Curiel, *La nación heterosexual: análisis del discurso jurídico y el régimen heterosexual desde la antropología de la dominación*. Bogotá: Brecha Lésbica/En la Frontera, 2013.

não querem parecer "agressivas" e temem irritar os homens (colocando-se ao lado das relações de poder e pedindo que os "castigos" para as mulheres heterossexuais, brancas e de classe média do Norte global ou das classes endinheiradas do Sul global não sejam exemplares) não é uma forma de administrar nossas energias e de nos mantermos ocupadas num diálogo que, ao invés de ampliar o sujeito político dos feminismos, o que faz é reduzi-los e recortá-los obtusamente.

Por fim, esse devir antitrans de uma parte do movimento feminista transexcludente é resultado da captura da linguagem da crítica e tenta institucionalizar e distorcer a linguagem do protesto. O generismo é um movimento reformista, essencialista, que na verdade se opõe aos fundos destinados a financiar outros movimentos (como o trans) e, sobretudo, se nega categoricamente a reconhecer que os direitos das pessoas não são privilégios e em nenhum caso a obtenção de direitos por determinadas populações ocorre em detrimento de outras.

A transexclusão como movimento neoliberal e neoconservador está interessada em expor as consequências da violência patriarcal ou de confrarias, mas não mostra a raiz do problema, ou seja, não se desembaraça da ideia de poder e reproduz o programa pragmático e racional do Ocidente, que atualmente se expressa por um neoliberalismo desenfreado, omitindo que é exatamente essa razão instrumental que gera o problema da dominação e da violência do sistema cis-heterocêntrico, patriarcal e colonial, e que é com a interseção de opressões que o sistema enche sua arca econômica e também a simbólica.

Contudo, não há apenas más notícias, porque, em virtude ou talvez apesar da necropolítica neoliberal e do assédio antigênero e neoconservador professado pelas feministas transfóbicas, as comunidades feministas não excludentes e transfeministas

Verdadeiramente radicais 139

(em sentido amplo, não só de pessoas trans) no contexto latino-americano reinventam a imaginação política por meio de suas práticas de denúncia, petição de justiça e construção de agendas em aliança pelo bem comum.

Chamo essas práticas de "mani-festa-ações", numa espécie de reinvenção do conceito tradicional de manifestação política. Esse tipo de prática se caracteriza pela ocupação do espaço público, pela intervenção a partir da agitação e pela recusa da mitificação da figura de "vítima" como único espaço a ocupar durante os protestos. Nesse sentido, essas imaginações políticas trazem para seu centro a seguinte pergunta: pode-se ser feliz quando se está permanentemente de luto?[37]

Essa pergunta é fundamental para entendermos as novas lideranças e os novos ativismos transfeministas que vêm surgindo no contexto de protestos contra o feminicídio e o transfeminicídio. A imaginação política dos feminismos contemporâneos complexifica a equação sobre a reivindicação de justiça e nos mostra como as pessoas que sobreviveram ao feminicídio ou transfeminicídio de algum familiar se tornaram ativistas e criaram novas lideranças, redefinindo o sujeito político dos feminismos não de modo essencialista, mas sim pela aliança, pela criação de comunidades de afeto, assim como pela criação de uma onda de indignação coletiva e interseccional que se recusa a transitar pelos mesmos circuitos de revitimização propostos não somente pelos feminismos transexcludentes e essencialistas, mas também pelas instituições do Estado, como única via de atenção e sem nenhum tipo de reparação.

TRADUÇÃO Cristina Cupertino

---

37 Cristina Rivera-Garza, *El invencible verano de Liliana*. Ciudad de México: Random House, 2021, p. 24.

انتِفاضة
INTIFADA E IMAGINAÇÃO FEMINISTA

Zahra Ali

ZAHRA ALI nasceu na França em 1988. É professora de sociologia na Rutgers University, nos Estados Unidos. É autora de *Femmes et genre en Irak* (Syllepse, 2022) e coordenadora de *Féminismes islamiques* (La Fabrique, 2012; nova ed., 2020). Fundou e dirige um centro de estudos críticos do Iraque, cujo objetivo é produzir saberes críticos e emancipados nas ciências sociais e nos estudos feministas nesse país.

Intifada, "sublevação" em árabe, vem da raiz *nefada*, que significa literalmente sacudir alguma coisa até fazer cair o que está preso nela. Se dividirmos a palavra em duas, obteremos *inti*, pronome pessoal feminino "tu" (اِنتِ), e *fada*, verbo sacudir. *Intifada* é um substantivo feminino em árabe e masculino em francês. Dar nome a uma coisa é também defini-la e situá-la. A palavra também faz referência muitas vezes à luta do povo palestino e à sua resistência à ocupação sionista. Este texto e a reflexão que ele propõe estão ligados a certa tradição política que traz para o centro da reflexão feminista as questões relativas à emancipação decolonial.

Começo, portanto, descentrando o francês (e o inglês) para pensar sobre a emancipação e os feminismos a partir de um termo que corresponde ao imaginário político dos mundos árabes e, em particular, do Iraque. Todavia, não me agrada o uso que é feito dele nos contextos árabes e não árabes, o qual associa a palavra *intifada* a movimentos de resistência dirigidos principalmente por homens. Ao enfatizar o *inti* (اِنتِ), dou ênfase à importância de recentrar não apenas as mulheres, mas também as questões de gênero e sexualidade.

O uso do feminino não remete aqui a um diferencialismo essencializante, mas antes a uma vontade de trazer para o centro os corpos, as experiências e os espaços minorizados, marginalizados e dominados por sistemas de poder que não se limitam a um patriarcado suposto universal. Longe de um feminismo dito "internacional", que aspira a uma sororidade homogênea, unindo todas as mulheres, mas que na realidade corresponde à imposição de uma agenda e de um modelo neoliberal, burguês e branco. Prefiro o termo *trans*nacional, em que "trans" tem a ideia de transcender, sacudir (*nefada*) e contestar as fronteiras nacionais, de gênero e sexualidade. Transcender

Intifada e imaginação feminista **143**

também os limites da noção de "direitos das mulheres" e seu uso com objetivos racistas, classistas e neocoloniais, para falar de emancipação e libertação. E colocar o problema em outros termos: de quais direitos se trata, para quais mulheres e à custa de quem (de quais mulheres)?

Por feminismo *trans*nacional, entendo também romper com a ideia de um "aqui" e de um "lá" relacionados a uma geografia imaginária, que alimenta os feminismos hegemônicos do Norte. Aqui (leia-se: entre os brancos civilizados) as mulheres têm direitos, não é como lá (leia-se: entre os não brancos incivilizados). Os homens daqui têm o dever de libertar as mulheres de lá dos homens de lá.[1] Essa dicotomia que cria e reifica a diferença a partir de uma pretensa cultura ou religião, que oporia civilizados e bárbaros, está no coração da imaginação feminista branca e neoliberal. Ela despolitiza as diferenças, etnicizando-as, e, sobretudo, esconde o que está por trás desse imaginário geográfico. Na realidade, não existem "aqui" e "lá". O que existe é um Todo-Mundo[2] no qual vivemos todas e todos. A diferença entre certas mulheres e outras corresponde muito mais ao "onde" e ao "como": elas estão situadas nos sistemas de poder capitalista, heteropatriarcal, racial e colonial que caracterizam o mundo contemporâneo. Trata-se de situar os corpos, as experiências e os espaços no centro e à margem: aqueles que se alimentam desses sistemas e aqueles nos ombros dos quais eles se escoram. Há aquelas que extraem privilégios deles e aquelas que são opri-

---

1 Referência à célebre frase de Gayatri Chakravorty Spivak em "Can the Subaltern Speak?", in Cary Nelson e Lawrence Grossberg (orgs.), *Marxism and the Interpretation of Culture*. London: Macmillan Education, 1988, pp. 271–313.

2 Édouard Glissant, *Tratado do todo-mundo*, trad. Sebastião Nascimento. São Paulo: n-1, 2024.

midas neles; aquelas que se beneficiam deles e aquelas sobre a exploração das quais eles repousam.

Mais concretamente, no Iraque (e no Afeganistão),[3] foram as intervenções imperialistas estadunidenses – que culminaram com a invasão de 2003 – que privaram as mulheres (e os homens) dos serviços e infraestruturas mais básicos para uma vida digna.[4] Essas intervenções militares criaram condições para a expressão das formas mais brutais de heteropatriarcado e misoginia que despojaram os/as iraquianos/as de sua liberdade e de seus direitos mais básicos. São homens e mulheres "daqui" que, sob o disfarce da democracia e do feminismo, destruíram literalmente a própria possibilidade de uma vida digna no Iraque. Colocar as lutas das mulheres iraquianas no centro da nossa reflexão é partir de onde se definem os sistemas de poder mundiais e da posição privilegiada que elas ocupam para desmantelá-los.

O Norte global, sua classe média, suas infraestruturas e seu sistema econômico se apoiam na exploração colonial e neocolonial do Sul. As democracias ocidentais repousam sobre o extrativismo do petróleo e do gás extraídos principalmente da região do Oriente Médio.[5] O Iraque é um espaço situado no centro das dinâmicas econômicas e políticas mundiais. O país, cujas infraestruturas, instituições e serviços (como educação e saúde) já foram os mais avançados de toda a região, foi arra-

---

3 Lila Abu-Lughod, "Do Muslim Women Really Need Saving? Anthropological Reflections on Cultural Relativism and Its Others". *American Anthropologist*, v. 104, n. 3, 2002, pp. 783–90.

4 Zahra Ali, *Femmes et Genre en Irak*. Paris: Syllepses, 2022.

5 Ver, por exemplo, Joel Beinin, Bassam Haddad e Sherene Sekaily, *A Critical Political Economy of the Middle East and North Africa*. Redwood City: Stanford University Press, 2020; Timothy Mitchell, *Carbon Democracy*, trad. Christophe Jaquet. Paris: La Découverte, 2013.

sado pelas intervenções imperialistas. Primeiro houve repressão da esquerda revolucionária nos anos 1960 e apoio ocidental à ditadura baathista até os anos 1980, ofensivas militares e econômicas nos anos 1990 e invasão e ocupação do Exército estadunidense em 2003. O cotidiano dos/as iraquianos/as é marcado há mais de cinquenta anos por guerras e por uma brutalização econômica e política sem precedentes.

Todavia, o país tem uma longa e rica história insurrecional, com a insurreição de 1920 contra os colonos britânicos e, nos anos 1940, com as grandes manifestações anti-imperialistas. Os movimentos feministas eram anti-imperialistas e estavam entre os mais radicais da região, até a tomada de poder pelo Partido Baath.[6] Também houve sublevações contra a ditadura de Saddam Hussein, em especial as de 1991, maciçamente reprimidas. E as revoltas populares das regiões do sul – sobretudo contra o sistema e a elite política estabelecidos pela administração estadunidense em 2003 – que culminaram em 2019 com a *Thawra Teshreen* (Revolução de Outubro).

Minha proposta é enriquecer a imaginação teórica e política feminista pensando em torno de e com a *Thawra Teshreen*. Não pretendo usar o contexto iraquiano aqui como um caso de estudo sobre o qual eu aplicaria um referencial eurocentrado e branco. Ao contrário, quero romper com essa tendência bem enraizada nos escritos feministas do Norte global de fazer referência ao Sul global apenas como exemplo ou terreno de estudos cuja teorização é produzida nas universidades ou meios intelectuais do Norte. O Norte global ou, mais precisamente, a Europa e a América do Norte desenvolvem quadros teóricos dos quais os países do Sul são apenas a matéria-prima.

6 Z. Ali, *Femmes et Genre en Irak*, op. cit.

146 Zahra Ali

Aqui, ao contrário, pretendo reservar um lugar central para as subjetividades, os corpos, as experiências e as lutas dos/as manifestantes iraquianos/as. Meu objetivo é situar aquelas e aqueles cuja vida é considerada insignificante, tão facilmente suprimida, brutalizada e destruída pelo sistema capitalista colonial, heteropatriarcal e extrativista, no centro da imaginação teórica e política feminista.

Repensar os feminismos a partir das lutas no Iraque, desfazer os saberes hegemônicos

Os estudos pós-coloniais e decoloniais, especialmente feministas,[7] enriqueceram nossa reflexão sobre as relações entre saber, pesquisa,[8] espaço/lugar[9] e posicionalidade.[10] Como sabemos

7 Há muitas obras para citar aqui. Ver, por exemplo, Linda Tuhiwai Smith, *Decolonizing Methodologies: Research and Indigenous Peoples*. London: Zed, 1999; Jacqui Alexander e Chandra Talpade Mohanty, *Feminist Genealogies, Colonial Legacies, Democratic Futures*. New York: Routledge, 1997; Chandra Talpade Mohanty, *Feminism without Border: Decolonizing Theory, Practicing Solidarity*. Durham: Duke University Press, 2003; Inderpal Grewal e Caren Kaplan (orgs.), *Scattered Hegemonies: Postmodernity and Transnational Feminist Practices*. Minneapolis: University of Minnesota Press, 2006.

8 Ella Shohat, "Gendered Cartographies of Knowledge: Area Studies, Ethnic Studies, and Postcolonial Studies", in *Taboo Memories, Diasporic Voices*. Durham: Duke University Press, 2006, pp. 1–16.

9 L. Abu-Lughod, "Zones of Theory in the Anthropology of the Arab World". *Annual Review of Anthropology*, v. 18, 1989, pp. 267–306; Arjun Appadurai, "Theory in Anthropology: Center and Periphery". *Comparative Studies in Society and History*, v. 28, 1986, pp. 356–61.

10 Timothy Mitchell, "The Middle East in the Past and Future of Social Science", in David L. Szanton, *The Politics of Knowledge Production: Area Studies and the Disciplines*. Berkeley: University of California Press, 2002.

o que sabemos? O que conta e o que não conta como saber e teoria? Trata-se de questões essenciais a respeito das relações entre os saberes e o poder, a economia política e a geopolítica dos saberes. Portanto, trata-se também das condições materiais, estruturais e infraestruturais da produção dos saberes e de sua circulação. Está claro, como disse a feminista Amina Mama sobre o contexto africano em seu importante artigo "Is It Ethical to Study Africa?",[11] que o chamado mundo universitário global se refere na realidade a artigos em inglês e em francês publicados em revistas sediadas nas grandes metrópoles da Europa e dos Estados Unidos. Esse mundo universitário produz um saber desde fora sobre o "Oriente Médio", sobre o "Iraque", especialmente em inglês, que responde a questões formuladas longe desses lugares e elabora quadros teóricos que, no entanto, se tornam dominantes na própria região.

Arjun Appadurai, seguindo a linhagem de Edward Said,[12] trata desses conceitos que são desenvolvidos nas metrópoles do Norte global (como tribo, sociedade civil e honra) e transpostos arbitrariamente para as realidades do Sul global, sem relação real com as sociedades envolvidas, e que não revelam grande coisa, a não ser a imaginação ou o que ele chama de "caprichos" de um intelectual.[13] Entretanto, esses conceitos são reproduzi-

11 Amina Mama, "Is it Ethical to Study Africa?". *African Studies Review*, v. 50, n. 1, 2007, pp. 1–26.

12 Edward Said, *Cultura e imperialismo*, trad. Denise Bottmann. São Paulo: Companhia das Letras, 2011; *Orientalismo: O Oriente como invenção do Ocidente*, trad. Rosaura Eichenberg. São Paulo: Companhia das Letras, 2007.

13 Arjun Appadurai, "Theory in Anthropology: Center and Periphery". *Comparative Studies in Society and History*, v. 28, n. 2, 1986, pp. 356–61.

dos, tornam-se hegemônicos em certo sentido e, por fim, são ensinados nos meios universitários e intelectuais do Sul.

Encontramos uma tendência similar nos saberes feministas sobre os mundos árabes produzidos no Norte global, nos quais se imprimem problemas-espaços[14] e quadros teóricos criados fora das sociedades de maioria árabe. Ora, as teorias feministas nasceram de lutas políticas que se travaram primeiro na rua, antes de serem institucionalizadas nas universidades: elas são e sempre foram transnacionais e correspondem a realidades mundiais. Porque teorizar é fazer sentido, em termos emocionais e políticos, e não produzir ideias abstratas deslocalizáveis.

As abordagens feministas críticas contribuíram para pôr em causa não apenas a universalidade dos saberes, mas também a ideia de que a teoria é algo que existe independentemente das pessoas: todo saber é situado. Essas abordagens críticas nos mostraram que, por trás do universalismo, por trás da pretensão à racionalidade, longe das emoções, dos corpos, dos espaços e das relações de poder, está o homem branco de classe abastada, cujo saber, na realidade, não é objetivo, mas apenas muito bem situado.

Os saberes feministas iraquianos sempre foram transnacionais e revelaram as lutas políticas e sociais que o país atravessou. A título de exemplo, um dos principais livros feministas no Iraque é o de Naziha al-Dulaimi, militante comunista, primeira ministra mulher do mundo árabe e uma das fundadoras da Liga das Mulheres Iraquianas. Em *Al-Mar'a al-'Iraqiya* (Mulher iraquiana), publicado em 1952, ela desenvolve uma abordagem marxista e feminista que relaciona as lutas a favor da justiça

---

14 David Scott, *Refashioning Futures: Criticism after Postcoloniality*. Princeton: Princeton University Press, 1999.

social, a justiça de classe, o anti-imperialismo e o feminismo.[15] Um segundo livro muito importante é o de Sabiha al-Shaikh Dawood, *Awal al-Tariq ila al-Nahda al-Nasawiya fi al-Iraq* (Primeiro passo rumo ao renascimento feminista no Iraque), publicado pouco antes da Revolução de 1958.[16] Esse texto representa bem a tradição feminista nacionalista, no qual a noção de classe social, por exemplo, não é tão central como no livro de Naziha al-Dulaimi. Essas obras dão somente uma pequena amostra da efervescência revolucionária do movimento das mulheres na época, do que estava acontecendo na rua. As noções mobilizadas não são nem autênticas nem estrangeiras, mas fruto de lutas e debates que faziam sentido e de dinâmicas transnacionais e mundiais.

Hoje também as lutas feministas no Iraque produzem saberes e teorias críticas.[17] Em *Femmes et genre en Irak*,[18] por exemplo, mostro como as feministas se reapropriaram da noção de gênero, que veio de programas neoliberais da ONU e foi transformado em ferramenta feminista. Também questiono a dicotomia entre laico e religioso, tão central nos trabalhos sobre os movimentos feministas da região, mostrando que isso não nos permite compreender a realidade que as mulheres e as feministas vivem no Iraque.

Minha principal crítica aos trabalhos feministas sobre o Iraque, em especial os que adotam uma perspectiva decolonial, é que a ênfase no discursivo deixou de lado uma reflexão real

---

15 Naziha al-Dulaimi, *Al-Mar'a al-'Iraqiyya*. Bagdad: Matba'at al-Rabitah, 1952.

16 Sabiha al-Shaikh Dawood, *Awwal al-Tariq ila al-Nahda al-Nasawiya fi al-Iraq*. Bagdad: Matba'a al-Rabitah, 1958.

17 Z. Ali, *Femmes et genre en Irak*, op. cit.

18 Ibid.

sobre a ressonância e a pertinência de certos quadros teóricos. Embora seja essencial criticar a abordagem culturalista e orientalista, é igualmente essencial deixar as categorias de análise emergirem a partir da vida cotidiana, de sua materialidade e espacialidade. Uma metodologia feminista crítica pode consistir, de certo modo, numa aplicação analítica do mantra "o pessoal é político" no estudo atento do cotidiano, dos espaços materiais de vida, livre de quadros de análise predefinidos e de noções como nacionalismo e islamismo, com frequência mobilizados no contexto iraquiano. Deixando as categorias emergirem da realidade cotidiana das mulheres e das militantes feministas, é possível ir além das dicotomias entre discursivo e material, privado e público, local e global, laico e religioso.

Todavia, está claro que, para desfazer saberes, é necessário antes de tudo estar o mais perto possível das lutas sociais e políticas. Os saberes feministas se formulam no ato e é na rua que eles tomam forma, fazendo referência ou não ao termo "feminismo", ou até mesmo rechaçando seu uso. Os saberes feministas no Iraque são constituídos como parte das lutas sociais, econômicas e políticas que dizem respeito à sociedade como um todo. De certa maneira, as iraquianas não podem se dar o luxo de desvincular seus interesses particulares daqueles de sua sociedade. Assim, a participação maciça delas nos protestos de outubro de 2019 foi crucial tanto para o futuro das lutas feministas no país como para a sublevação em si.

Sublevação no Iraque, reinvenção da política

Do alto do "monte Uhud", num imóvel alto de frente para a praça Tahrir, no centro de Bagdá, jovens gritam em uníssono:

"*Enrid watan*" (نريد وطن): "Nós queremos um país". Esse imóvel, comumente chamado de "restaurante turco", estava abandonado havia mais de uma década. Foi rebatizado em referência à ilustre batalha de Uhud, travada pelo profeta Maomé e seu exército. A invasão do "monte Uhud" por manifestantes pacíficos/as, usando apenas a força de sua vontade diante das milícias armadas e dos serviços de segurança, marcou a vitória da revolta de outubro de 2019. Eles e elas enfrentaram os tiros dos mercenários e das forças da ordem que desde 2011 reprimiam as manifestações pacíficas na capital do país. Tomando o imóvel, andar por andar, desafiando a morte em cada degrau, os/as manifestantes tinham consciência das consequências da conquista daquele local estratégico. Do alto do monte Uhud, vê-se todo o centro de Bagdá e, sobretudo, confronta-se a Zona Verde criada pelo Exército estadunidense durante a invasão de 2003, uma área cercada de muros de concreto onde residem o governo central e a elite política do país.

Os/as jovens iraquianos/as à frente das manifestações de outubro de 2019 não têm nem vinte anos, não conheceram o autoritarismo do Partido Baath nem a traumática década de guerra contra o Irã, o horror dos bombardeios dos Estados Unidos dos anos 1990 e o empobrecimento generalizado provocado pelas sanções econômicas impostas pela ONU. Esses/as jovens nasceram num Iraque ocupado pelo Exército estadunidense e seus aliados, sua infância foi marcada pela guerra confessional e sua adolescência, pela invasão do Daesh [ou grupo Estado Islâmico]. Essa geração não conheceu os anos em que o país contou com os sistemas de saúde e de ensino superior mais eficientes da região, excelentes serviços públicos e sólidas instituições de Estado, garantindo moradia, energia elétrica e segurança de emprego. A vida cotidiana desses/as jovens, a despeito dos enormes recursos em petróleo do país, é condicionada por cortes no abastecimento de água e energia e sofre com a ausência de serviços públicos, sistemas de saúde e educação. Desde 2003, todos esses serviços, que antes eram públicos, foram privatizados e a elite política, levada ao poder pela administração dos Estados Unidos, domina pela violência armada de suas milícias todas as instituições e empresas públicas e privadas. O desemprego é quase certo para aqueles e aquelas que não fazem parte de uma família com conexões pessoais com a elite política ou para quem não está disposto a pagar o equivalente a um ano de salário a um membro de partido ou milícia que se aproveita da corrupção e do nepotismo generalizados. Essa juventude vive num país onde, apesar da realização de eleições "democráticas", existe um grande risco de ser morto/a ou sequestrado/a por se permitir criticar abertamente um político ou uma milícia ligada à elite política instalada no poder.

A maioria dos/as manifestantes vem do sul do país, sobretudo das regiões pantanosas assoladas pelas guerras e pela pobreza. Todas as principais mobilizações no Iraque começaram em Basra, a província de onde sai o petróleo iraquiano. Nela, a mais quente do mundo em julho de 2023, não existe infraestrutura, o fornecimento de água e eletricidade é privado, o desemprego, a pobreza extrema e a ausência de serviços básicos marcam a vida cotidiana. Do petróleo, os/as moradores/as só conhecem a toxicidade e os cânceres que ele causa, especialmente nas crianças e nos/as jovens.[19] Os/as ambientalistas são

---

19 Mac Skelton, "The Long Shadow of Iraq's Cancer Epidemic and Covid-19". *Merip*, n. 297, 2021; Omar Dewachi, "Toxicity of Life and Everyday Survival in Iraq". *Jadaliyya*, 13 ago. 2013.

ameaçados/as, sequestrados/as e torturados/as, como aconteceu recentemente com Jassim Al-Asadi, que milita a favor da preservação da cultura e da ecologia dos pântanos. Essa região, que já foi o crescente fértil mesopotâmico, é habitada por uma população que preservou modos de vida organizados em torno da água e das habitações naturais da época suméria. A vida que florescia nessa região antes do advento da modernidade capitalista colonial e extrativista é particularmente sensível às mudanças climáticas.

Outubro de 2019 foi uma revolta geral, conduzida pelas classes populares e pela juventude, aos quais se juntaram classe média, sindicatos e militantes dos movimentos sociais e feministas, contra a violência estrutural cotidiana de uma vida sem serviços e instituições públicas e contra a violência armada da elite política e de suas milícias. A participação maciça das mulheres, fossem jovens estudantes, fossem mais velhas, transformou a sublevação em revolução popular. Desde ao menos os anos 1990, as guerras e o embargo econômico impactaram profundamente as mulheres iraquianas que aguentam a carga da vida cotidiana e da sobrevivência. Como mães de família, trabalhadoras e pessoas de referência, elas formam uma verdadeira infraestrutura no Iraque. Por outro lado, décadas de guerras e crise econômica transformaram o espaço público em zonas militarizadas e fragmentadas, dominadas pelos homens. As mulheres tiveram de suportar o controle de seus corpos, de seus movimentos e de suas vidas por formas exacerbadas de ideologia patriarcal.

A praça Tahrir, em Bagdá, a praça Al-Habubi, em Nassíria, e outros locais de contestação em todo o país tornaram-se lugares onde todos aqueles e aquelas que são diminuídos, dominados e discriminados podiam existir e prosperar. As mulheres se reapropriaram do espaço público com suas marchas, manifestações e ocupações, organizando-se para se fazerem visíveis e audíveis, aparecendo na primeira fileira contra a brutalidade das forças de segurança ou se ocupando com a decoração dos locais de manifestação, cuidando dos feridos ou então cozinhando e limpando. Durante os meses de ocupação da praça Tahrir, os/as manifestantes inventaram um novo cotidiano que contestava tanto as hierarquias sociais como as normas societais, inclusive as divisões de classe ou de gênero. Na praça Tahrir, uma jovem da classe média de Mansour (bairro residencial) se apaixonou por um jovem trabalhador de Medinat Al-Sadr (bairro popular). Os dois namorados se dão as mãos diante das balas reais da repressão.

Nesse ambiente, um novo tecido social é fabricado pela organização coletiva, a sociedade iraquiana se encontra, negocia e constrói um novo contrato social: é onde os pobres sem instrução ficam em pé de igualdade com a classe média instruída, onde homens e mulheres, jovens e velhos, compartilham um espaço comum e constroem um movimento comum. Nessas zonas autônomas e autogeridas pelos/as manifestantes durante vários meses, os serviços públicos são reinventados, as pessoas limpam e reformam as grandes praças e monumentos, enfeitam as ruas graças a um sem-fim de obras artísticas.

O nível e a extensão da participação das mulheres são notáveis, mas causam pouca surpresa. Uma das primeiras manifestações após a invasão de 2003 foi organizada por mulheres que protestavam contra a tentativa de contestação do fundamento de seus direitos, o Código do Estatuto Pessoal. Poucos meses depois da invasão estadunidense, a elite política confessionalista conduzida ao poder pela administração desse país tentou instituir um código baseado no confessionalismo no lugar da jurisprudência que combinava as do xiismo e do sunismo. Embora tenham sido impedidos pela mobilização feminista, os partidos confessionalistas continuaram tentando adotar um Código do Estatuto Pessoal de natureza confessional e conservador, chamado "proposição de lei Jaafari".

O regime pós-2003 pode ser qualificado como confessional de gênero, no sentido de que o sistema de *muhasasa* (divisão/distribuição política via cotas étnicas, religiosas e confessionais) é fundado não somente em critérios étnicos, religiosos e confessionais, mas também nos de gênero e sexualidade. As forças conservadoras e heteropatriarcais não dominam somente as esferas políticas: elas dominam igualmente as ruas, graças às milícias e grupos armados. A guerra confessional de 2006–7 e a invasão do país pelo grupo Estado Islâmico em 2014 são manifestações exacerbadas do confessionalismo e da violência de gênero sobre os quais repousa o regime instaurado pelos estadunidenses em 2003. O sistema confessionalista de gênero impõe seu poder pela divisão das comunidades religiosas e dos sexos, visível na imposição de códigos de vestimenta estritos para as mulheres e para os homens, e limita a mistura tanto religiosa como de gênero.

A repressão e a estigmatização dos protestos pelas autoridades iraquianas são claramente heteropatriarcais e se manifestam por meio de campanhas na mídia e nas redes sociais que tentam solapar a revolução, qualificando-a de "imoral". Os revolucionários são acusados de serem sexualmente "corrompidos" e "depravados" e há todo tipo de boato sobre o "comportamento ilícito" dos jovens sob as tendas montadas nos locais de manifestação. A repressão visa às mulheres e, especialmente, as mais jovens. Os grupos políticos e suas milícias tentam dissuadir a participação delas, espalhando medo e terror, raptando manifestantes, como Saba Mahdawi e Mari Mohammed, ou matando-as, como Sara Taleb (e seu marido, Adel) e Reham Yacoub em Basra, Zahraa Ali em Bagdá. As mobilizações organizadas pelas mulheres também são objeto de ataques nas redes sociais. A *hashtag* بناتك ياوطن ("Vossas filhas, ó país") lançada por ocasião do movimento de protesto das mulheres, em 13 de fevereiro, foi transformada em #عاهراتك ياوطن ("Vossas prostitutas, ó país"). Nas paredes do túnel que leva à praça Tahrir, assim como nos cartazes exibidos por jovens mulheres durante as manifestações, podia-se ler: "As mulheres da Revolução de Outubro são revolucionárias, não prostitutas".

Durante os primeiros meses de sublevação, mais de setecentas pessoas, que se manifestavam pacificamente, sobretudo homens jovens e pobres, foram mortas a bala ou por granadas de gás lacrimogêneo em ataques das forças de segurança; 25 mil pessoas ficaram feridas e centenas foram raptadas ou desapareceram. A violência letal e as intimidações apenas fortaleceram a determinação dos/as manifestantes e honrar os mártires tornou-se rapidamente um de seus principais mantras. Um dos primeiros mártires mais conhecidos foi Safaa al-Sarai, que ficou conhecido como o "filho de Thanwa", em referência a sua mãe. "Filho de Thanwa" é o termo comumente utilizado para fazer referência aos *Thawra Teshreen* (os revolucionários de outubro), e um grande número de manifestantes prefere ser designado pelo nome materno e não pelo paterno.

A sublevação reinventa a política mudando a partilha do sensível[20] e a ordem dominante. Os/as habitantes dos bairros e regiões pobres, cuja cultura e modo de vida são estigmatizados

---

20 Jacques Rancière, *O mestre ignorante: cinco lições sobre a emancipação intelectual*, trad. Lílian do Valle. São Paulo: Autêntica, 2023; *Aux bords du politique*. Paris: La Fabrique, 1998.

e qualificados de "incivilizados" pelos/as habitantes dos bairros de classes médias e abastadas, estão à frente do movimento e demonstram seu *madanniya*[21] (civismo). Os/as manifestantes redefinem as fronteiras da política, relacionando as opressões econômica, social e societal que impõem um modo de vida conservador e limitado. Com o slogan "Nós queremos um país", os/as iraquianos/as exigem justiça social e econômica, serviços públicos operacionais e instituições capazes de gerir com eficiência a saúde, a educação, a moradia, o emprego e, de forma geral, tudo o que é necessário para uma vida digna. Exigem também liberdade, a de não serem mortos/as por causa da religião ou do grupo religioso aos quais eles/as pertencem ou não, a de se vestirem como eles/as quiserem e a de circular através das barreiras sociais e confessionais, a liberdade de expressão e o direito à diferença.

Os/as manifestantes não exigem apenas mudança: eles/as a põem em prática e a vivem, propondo novas regras de conduta e construindo um viver juntos inclusivo. As mulheres da *Thawra Teshreen* vêm de todos os meios: desde a mãe de meia-idade sem diploma, vestindo sua *abaya* preta e cozinhando para os/as manifestantes, até a mulher de classe média instruída, conduzindo os debates sobre a reforma da lei eleitoral; de jovens oriundas de meios conservadores àquelas que desafiam o código de vestimenta dominante. Elas compartilham um espaço comum, elaboram estratégias e organizam as manifestações semanais. Cantam juntas: "Não, não, não, não diga que é desonra, a revolução é a voz das mulheres!", conscientes da natureza subversiva de sua presença e de sua visibilidade num contexto em que a rua é um espaço masculino e militarizado.

---

21 Z. Ali, "Theorizing Uprisings: Iraq's Thawra Teshreen". *Third World Quarterly*, n. 10, 2023, pp. 1–10.

Em certas tendas, a pauta são os programas feministas orientados pelos direitos das mulheres, enquanto, na maioria das outras, as mulheres consideram que a *Thawra Teshreen* já está mudando o Iraque e atingir seus objetivos beneficiará tanto as mulheres quanto os homens. As feministas ativas dentro dos grupos organizados, presentes nos locais de protesto, também respeitaram a natureza informal e aberta da sublevação, que rejeita qualquer forma de afiliação. A diversidade da participação de todas elas, quer individualmente, quer como membros de grupos de mulheres, cuja mobilização foi muito clara no Dia Internacional das Mulheres, em 8 de março de 2020, demonstra que a velha designação "a mulher iraquiana", utilizada na maioria das vezes por políticos homens – laicos ou islamitas –, foi substituída durante a ação pela expressão mais inclusiva "as mulheres iraquianas".

Assim, em vez de se perguntar se a participação das mulheres na sublevação iraquiana de 2019 é "feminista" ou obedece a um programa de "direitos das mulheres", é mais esclarecedor se perguntar se ela pôs em questão a ordem das coisas dominante, em particular por meio do espaço que produziu. Da mesma forma, em vez de partir de uma ideia preconcebida do que constitui uma luta dita progressista, a análise dos diferentes níveis em que uma mobilização afeta o espaço social permite identificar o que é transgressivo – e de que maneira.

Por uma intifada feminista: reimaginar o tempo e o espaço

Por que escolhi a sublevação de outubro de 2019 como quadro de reflexão para reavivar a imaginação teórica e política feminista? O sistema global condena os/as iraquianos/as a serem vítimas das *forças da morte*[22] estruturais, infraestruturais e políticas que reduzem sua existência a uma vida sem dignidade, brutalizada e facilmente aniquilada. O Iraque é um espaço dominado por um extrativismo brutal, que esgota os recursos naturais e deixa para a população apenas rejeitos tóxicos. O regime hipermilitarizado que os/as iraquianos/as enfrentam é mantido por um sistema imperialista capitalista heteropatriarcal mundial. De certa maneira, os/as iraquianos/as vivem sob uma versão exacerbada dos conservadorismos e da repressão militar e policial praticados em todo o mundo.

Uma agenda feminista baseada numa categoria "mulher" predefinida é o oposto dos feminismos críticos que nos interessam aqui. Trazer as subjetividades, os corpos, as experiências e as lutas dos/as iraquianos/as para o centro da imaginação teórica e política feminista é reinventar uma geografia militante. Para não encerrar nossa imaginação feminista em fronteiras nacionais produzidas pelo capitalismo heteropatriarcal e racial, é fundamental ter consciência de que o sistema mundial repousa sobre a brutalização de um espaço e de sua população. O Iraque e os/as iraquianos/as não são um remoto "lá" de cultura e religião diferentes. Muito pelo contrário, eles/as estão enredados/as, contra sua vontade, na manutenção dos privilégios e da vida cotidiana do Norte global. Assim, sob uma perspectiva feminista alternativa, os/as manifestantes de outubro de 2019 estão muito próximos e suas lutas são fundamentais para a derrubada de um sistema mundial cruel e violento.

22 Prefiro o termo *forças da morte* à noção de necropolítica de Achille Mbembe, pois permite referência às infraestruturas e estruturas fundamentais à preservação da vida. Ver Z. Ali, "Theorizing Uprisings: Iraq's Thawra Teshreen", op. cit.

A maioria é, como vimos, de uma região onde ainda vive uma população que preservou modos de vida pré-capitalistas, especialmente nas zonas pantanosas. Nesses tempos de Antropoceno e desastres ambientais, partir da vida, das subjetividades, das experiências, dos corpos e das lutas desses/as manifestantes nos permite romper com uma visão de justiça ambiental inspirada pela classe média branca do Norte. Devemos recordar que o Sul global é o mais impactado pelas mudanças climáticas, enquanto o Norte, que representa apenas 20% da população mundial, é responsável por mais de 73% das emissões de CO_2 desde meados do século XIX.[23] É necessário nos libertarmos do quadro de pensamento definido pela modernidade capitalista e considerar o tempo longo da história. A modernidade capitalista extrativista põe em risco a vida sobre a Terra e as populações humanas e não humanas do sul do Iraque são atingidas em cheio por essa brutalidade. Assim, desenvolver uma imaginação teórica e política que não se limite às normas "progressistas" da modernidade é fundamental para a preservação da vida na Terra. Os/as manifestantes iraquianos/as e suas reivindicações, assim como os modos de vida ancestrais das regiões de onde vieram, são um convite para repensarmos a temporalidade do mundo para além do tempo do extrativismo.

No Iraque, a sublevação, ainda que reprimida com sangue, teve um grande impacto na vida cotidiana das pessoas e mudou a cultura societal e os valores da rua. No que diz respeito ao movimento feminista, ela tirou as militantes das redes e organizações feministas estabelecidas da zona de conforto das ONGS

---

23 Para uma crítica pós-colonial da questão do Antropoceno, ver Dipesh Chakrabarty, *O clima da história em uma era planetária*, trad. Artur Renzo. São Paulo: Ubu, no prelo.

e redefiniu as fronteiras do que é político. Para os/as manifestantes da praça Tahrir, político não é simplesmente a luta por direitos jurídicos ou econômicos. É reapropriar-se do espaço e determinar para si mesmo/a a vida que se quer viver. É unir o social, o econômico e o societal, a justiça e a liberdade. É tomar posição e se tornar visível, mudar a divisão do sensível e a ordem dominante. É fazer a demonstração do que é uma vida digna em ação, na rua, de maneira independente e autônoma.

As abordagens feministas críticas *trans*nacionais, pós-coloniais e decoloniais dizem que existe um Todo-Mundo, um sistema capitalista colonial/neocolonial, racial e heteropatriarcal que define as fronteiras do mundo no qual vivemos e escolhe aquelas e aqueles que podem atravessá-las. Parece-me que, apesar de sua especificidade, o fato de que os protestos e sublevações de outubro de 2019 tenham ocorrido não apenas no Iraque, mas também no Líbano, no Chile, no Haiti e em outros lugares, é um lembrete da necessidade de criarmos conexões e interseções entre as lutas transnacionais.

Esses movimentos, a força e a criatividade deles, propiciam uma imaginação política e teórica nova. É sobretudo na rua que se faz teoria, porque é na rua que a teoria deve fazer sentido. No Iraque, como também em outros lugares, muitas pessoas tomaram consciência da distância que há entre os/as universitários e suas teorias de um lado e, de outro, aquelas e aqueles que são intelectuais-ativistas e da necessidade de romper com essas hierarquias. Essas sublevações nos lembram a importância de fazer teoria não sobre, mas com e a partir dos próprios movimentos.[24]

---

[24] Enquanto pesquisadora e feminista, me juntei a intelectuais e ativistas no Iraque com quem formei uma rede para "fazer" saberes e conhecimen-

Convoco, portanto, uma *intifada* feminista que reimagine o tempo e o espaço das nossas lutas, não tomando a modernidade capitalista como quadro de referência, e desenvolva uma geografia militante que recuse as fronteiras nacionais e reinvente o próximo e o distante. Essa *intifada* põe no centro de sua imaginação teórica e política os incivilizados e os bárbaros e emancipa-se dos nacionalismos e de seu regime militar e de segurança. É a luta contra as *forças da morte*, sejam elas políticas, infraestruturais ou sociais, e a favor das liberdades, especialmente das vidas, dos corpos e das experiências brutalizadas pelo sistema desse Todo-Mundo. É o combate pelo futuro e pela vida.

TRADUÇÃO Mariana Echalar

tos críticos e autônomos. Buscamos pensar e teorizar a partir desse lugar enquanto espaço social e político e desenvolver uma reflexão epistemológica baseada nas realidades cotidianas dos/as iraquianos/as.

"É CLARO QUE A PALAVRA É UMA ARMA!"

A REVISTA *AWA* E O JORNAL *FIPPU* COMO PLATAFORMAS DE EXPRESSÃO DAS FEMINISTAS EM LUTA NA ÁFRICA [DE 1957 AO FIM DOS ANOS 1980]

Rama Salla Dieng

RAMA SALLA DIENG nasceu em Dakar, Senegal, em 1986. É professora de desenvolvimento internacional e estudos africanos na Universidade de Edimburgo, na Escócia. Pesquisa os movimentos feministas, a propriedade, o capitalismo racial e a reprodução social, bem como as transformações políticas no Senegal e na África. Publicou a série de entrevistas *Féminismes africains: une histoire décoloniale* (Présence Africane, 2021).

"Os cantos nostálgicos dedicados à mãe africana confundida com a Mãe África nas angústias dos homens não são mais suficientes para nós."[1]

Assim se exprimia Mariama Bâ, da qual a posteridade guardou mais a produção literária, em especial o romance *Uma carta tão longa*,[2] publicado em 1979, do que a ação política. Mariama Bâ, porém, foi muito ativa nos movimentos e associações de mulheres das jovens nações oeste-africanas independentes. Formada na Escola Normal para Moças de Rufisque, assim como outras moças nascidas no que viria a se tornar o Mali, o Senegal, a Costa do Marfim, Camarões, Benin, Guiné e Níger, ela foi uma das artesãs frequentemente esquecidas das lutas transnacionais e locais de defesa dos direitos das mulheres.[3] Ao lado de seus homólogos masculinos mais celebrados, elas participaram plenamente dos movimentos de descolonização política. Em 1946, as africanas das Quatro Comunas, que eram também cidadãs francesas, tornaram-se elegíveis pelo voto. Mas, paradoxalmente, o ano de 1946 levou à consolidação da divisão sexual do campo político e da ação política, amplificando a marginalização política das mulheres naquilo que

1 Mariama Bâ, "Fonction des littératures africaines écrites", *Écriture Française dans le Monde*, v. 3, n. 5, 1981, p. 7.
2 Id., *Uma carta tão longa*, trad. Marina Bueno de Carvalho. São Paulo: Jandaíra, 2023. [N. E.]
3 Diane L. Barthel, "The Rise of a Female Professional Elite: The Case of Senegal", *African Studies Review*, v. 18, n. 3, 1975, pp. 1–17; Pascale Barthelemy, "Instruction ou education?", *Cahiers d'Études Africaines*, n. 169–70, 2003, pp. 371–88; Annette Mbaye d'Erneville, *Femmes africaines: propos recueillis par Annette Mbaye d'Erneville*. Paris: Martinsart, 1981, seguido de Mariama Bâ, *Uma carta tão longa*, op. cit.

"É claro que a palavra é uma arma!" **167**

Aminata Diaw chama de "república sem cidadãs".[4] Segundo ela, o fato de os homens controlarem tanto os recursos econômicos quanto o espaço político e de a maioria das mulheres depender ainda economicamente do pai aprofundou a associação da liderança política a um imaginário masculino. Isso consolidou as expectativas sociais de que elas desempenhassem o papel de animadoras/dinamizadoras da esfera pública, encarregadas da mediação das relações sociais e da economia doméstica, enquanto seus homólogos masculinos ocupavam o centro do palco. Num contexto de repressão das autoridades coloniais e, mais tarde, dos partidos unitários, os dirigentes políticos se organizaram e teceram solidariedades transnacionais, mesmo que suas prioridades estratégicas fossem ainda a "unidade nacional" e o "desenvolvimento". Dadas as prioridades políticas, as mulheres líderes políticas e militantes se amoldaram às expectativas dos partidos dominantes, chegando em certos casos a rejeitar os discursos feministas e a aceitar a ordem patriarcal nas instâncias políticas.[5]

O apagamento do papel crucial das mulheres ocorreu também fora do campo político, por exemplo, nos textos literários, em especial nos anos 1950–70. Nessa literatura, que reflete certa hegemonia masculina, "a mulher é representada ou como a mãe idealizada, ou como uma personagem secundária, definida por sua posição em relação aos homens".[6] Por conseguinte, existir

---

4 Momar-Coumba Diop (org.), *Gouverner le Sénégal: entre ajustement structurel et développement durable*. Paris: Karthala, 2004, pp. 230–36.

5 Fatou Sow, "Mouvements féministes en Afrique", *Revue Tiers Monde*, v. 209, n. 1, 2012, pp. 145–60.

6 Carole Boyce-Davies e Molara Ogundipe-Leslie, *Moving Beyond Boundaries*, v. 2: *Black Women's Diasporas*. New York: New York University Press, 1995, p. 137.

na esfera pública enquanto cidadã e exprimir-se politicamente e artisticamente revelaram ser atos eminentemente políticos. Esses modos de expressão foram maneiras que as mulheres encontraram para recuperar seu poder enquanto atrizes políticas e formular reivindicações libertadoras. Esse é o sentido da epígrafe de Mariama Bâ no início deste capítulo.

Proponho aqui revisitar a expressão e a participação política das mulheres no período de 1947 a 1980 na revista *AWA* e no jornal *Fippu* publicados no Senegal e distribuídos na África Ocidental. Defendo, a exemplo de Irène d'Almeida,[7] que a atividade das mulheres nesses comitês editoriais foi política não apenas por essa "tomada de texto" e de palavra, mas também e simplesmente por sua presença e forma de se apropriar de modo progressivo dos espaços que não foram concebidos para elas.

Quando a palavra é uma arma

Na África, os movimentos de mulheres tiveram um papel determinante nos movimentos de libertação nacional. Foi o caso do Senegal, onde o ativismo feminino moldou a política nos contextos pós-coloniais (1950–80). Mas existe nesse país uma divisão histórica entre, de um lado, as associações de mulheres tradicionais, que defendem de forma pragmática o acesso aos serviços sociais de base, como educação e saúde, e, em menor medida, à expressão política, sem afrontar a ordem estabelecida, e, de outro, os movimentos feministas que visam fortalecer a sociedade tendo em vista uma ordem social mais igualitária. As

---

7 Irène Assiba d'Almeida, *Francophone African Women Writers: Destroying the Emptiness of Silence*. Gainesville: University Press of Florida, 1994.

estratégias, repertórios de ação e modos de organização destes são mais radicais. Em geral convencidos da convergência das lutas, a abordagem desses movimentos é interseccional.

A maioria dos movimentos de mulheres que surgiu antes e depois da independência organizou-se sem alterar o *status quo* de sexo, gênero, casta e classe.[8] A ordem de união: "A independência acima de tudo!"[9] mostra a preeminência dada ao consenso com os homens acerca dessa prioridade, que não poderia vir depois de outras, ainda que fossem tão importantes como a luta contra o patriarcado. A independência será alcançada em 1957. Contudo, ela deixa um gosto amargo de continuidade numa pseudorruptura que a escritora Ken Bugul traduzirá com agudeza em seu romance *Le Baobab fou* [Baobá louco],[10] publicado em 1984: "A independência me decepcionou. Acreditei que a independência me salvaria. Não constatei nenhuma aquisição de identidade própria, nenhuma aspiração. A independência era como o reconhecimento e a oficialização da dependência".

Na década seguinte, mulheres sozinhas ou em coletivos começam timidamente a publicar e a contribuir para a vida intelectual.[11] Foi então que apareceu *Femmes de Soleil* [Mulheres

---

8 Rama Salla Dieng, "From Yewwu Yewwi to #FreeSenegal: Class, Gender and Generational Dynamics of Radical, Feminist Activism in Senegal", *Politics & Gender*, v. 20, n. 2, 2023, pp. 1–7.

9 Fatou Sarr, "Féminismes en Afrique occidentale? Prise de conscience et luttes politiques et sociales", *Vents d'Est, Vents d'Ouest: Mouvements de Femmes et Féminismes Anticoloniaux*, Graduate Institute Publications, 2009, pp. 79–100.

10 Ken Bugul, *Le Baobab fou*. Dakar: Nouvelles Éditions Africaines, 1984.

11 Ndèye Sokhna Guèye, *Mouvements sociaux des femmes au Sénégal*. Dakar: Conseil pour le Développement de la Recherche en Sciences Sociales en Afrique (Codesria), 2015.

de sol, 1957], que depois se tornaria AWA: *La Revue de la Femme Noire* [A revista da mulher negra, janeiro de 1964].[12] Revista feminina pioneira, teve como redatora-chefe a jornalista senegalesa Annette Mbaye d'Erneville, secundada por uma equipe que compreendia militantes dos direitos das mulheres e atrizes políticas de toda a África Ocidental, entre elas a guineana Jeanne Martin Cissé e escritoras, como Virginie Kamara, que também era próxima da revista *Présence Africaine*.

A AWA é um dos raros arquivos a documentar a escolha de um grupo de mulheres de utilizar a imprensa escrita para se manifestar e alcançar as mais amplas massas. As escolhas editoriais da revista, mas também seus silêncios enquanto esteve ativa entre 1957–76, ilustram um rico parêntese na história das mulheres, um período central para a esquerda revolucionária e sua influência ulterior sobre o crescimento da consciência política feminina. Da mesma maneira, as tomadas de palavra e posição no jornal *Fippu*, que nasceu quando a AWA se extinguiu, informam sobre a ideologia e a estratégia de ação da organização feminista que o conduz, a Yewwu Yewwi, criada em 1984.

Meu argumento é que as mulheres africanas e os coletivos feministas que estavam ativos nessa época negociaram futuros libertadores mantendo-se estrategicamente "silenciosos" em certos momentos e optando por "tomar a palavra ou o texto" em outros, embora assinassem seus artigos de maneira anônima ou coletiva para contra-argumentar nas páginas da AWA e do *Fippu*. A palavra e o silêncio estão longe de ser antitéticos e "calar-se" é diferente de ser silenciosas.

---

12 Sobre a AWA, ver o blog *African Reading Cultures*, de Ruth Bush e Claire Ducournau. Disponível on-line.

"É claro que a palavra é uma arma!" 171

Da *AWA* ao *Fippu*: repertórios, modos de ação e expressão diferentes

As redatoras da AWA pareciam visar à educação popular, sem contestar o *status quo*. Adotaram uma política de solidariedade e sororidade transnacional com todas as mulheres africanas e negras, o que é ilustrado pelas seções "Échos" [Ecos] e "À travers le continent" [Através do continente]. A África francófona e os mundos negros eram o principal público da revista, por isso a ênfase na estética feminina e na vivência das mulheres negras. As capas dão destaque àquelas que simbolizam certa visão da feminidade e da afromodernidade, como a atriz Isseu Niang, e também às combatentes, como as do Partido Africano pela Independência da Guiné e do Cabo Verde, entre as quais Ernestina "Titina" Silà, assassinada em 20 de janeiro de 1973 quando se dirigia ao funeral de seu camarada de luta Amilcar Cabral.

As redatoras do *Fippu*, jornal do movimento Yewwu Yewwi para a Libertação da Mulher, adotaram uma atitude abertamente feminista, sob o comando da presidente do movimento, Marie-Angélique Savané, e da redatora-chefe, Fatoumata Sow, visando contribuir para a construção de uma cultura feminista de mulheres de pé, em luta contra a ordem social patriarcal. O *Fippu* exibe claramente seu objetivo de devolver às mulheres a palavra e o lugar próprio num espaço não misto, diferentemente da AWA, que publica colaborações de homens. A seção "Notre corps nous-mêmes" [Nosso corpo nós mesmas] fala de saúde e bem-estar feminino; "Femmes en mouvements" [Mulheres em movimentos], das mulheres em luta na África; "Les abeilles" [As abelhas], do trabalho das mulheres. A seção "Nos droits" [Nossos direitos] é explícita quanto ao seu conteúdo, enquanto

"Les créatives" [As criativas] e "Les muses" [As musas] exprimem uma veia artística. "Elles ont lu" [Elas leram] compartilha resenhas literárias[13] e "Des trucs" [Miscelânea], receitas e dicas. Colaboradoras regulares mantêm o jornal com provocações e protestos, como a jornalista feminista Eugénie Rokhaya Aw N'diaye, falecida em 2022, a economista Fatimatou Zahra Diop, a professora universitária Fatoumata Sow, a socióloga Hélène Rama Niang ou ainda Deffa Mariam Wane. A riqueza dos artigos estende-se da luta contra o embranquecimento da pele à análise da condição das mulheres das zonas rurais, da licença-maternidade à solidariedade internacional. Há poemas dedicados à irmã Winnie Mandela, em apoio à luta contra o *apartheid*,[14] homenagens a Thomas Sankara e, mais tarde, à sua companheira de luta e viúva Mariam e a seus filhos quando foi anunciado seu falecimento.[15]

AWA: organizar-se e manifestar-se sem contestar o *status quo*?

A revista *AWA* teve um papel determinante na criação de uma plataforma que permitisse às mulheres da África francófona ir além de se organizar. Uma das estratégias do comitê editorial era utilizar pseudônimos ou apenas prenomes e redigir coletivamente os artigos. Às vezes eles não eram assinados para que certas ideias fossem apresentadas.

13 Às vezes crítica, como a resenha de *L'ex-père de la Nation*, de Aminata Sow Fall, escrita por Hélène Rama Niang para o número 1 do *Fippu*, 1987, p. 29.

14 *Fippu*, n. 1, 1987, p. 19.

15 *Fippu*, n. 2, 1989, pp. 17–20.

"É claro que a palavra é uma arma!" **173**

A AWA é antirracista, internacionalista e pan-africana. Tem como objetivo alcançar as mulheres da África e da diáspora e uni-las além das fronteiras linguísticas e políticas. Visa amplificar a ação política das organizações ou associações de mulheres, como quando reproduz audaciosamente o depoimento de Jeanne Martin Cissé, uma das cinco primeiras secretárias-gerais da Conferência Africana das Mulheres (CAF, em francês). A conferência foi organizada pela Organização Pan-Africana das Mulheres (Pawo, em inglês),[16] criada em 31 de julho de 1962 em Dar es Salaam, na Tanzânia, na presença de delegações de 21 Estados africanos. O relatório de Jeanne Martin Cissé anuncia claramente suas ambições e pede unidade: "Acreditamos que, sejam quais forem as questões de ideologia, raça ou crença, as mulheres do mundo devem se unir. Para nós, o que as une é mais importante do que o que pode dividi-las".[17]

A decisão de estabelecer o 31 de julho como o Dia da Mulher Africana, após a primeira conferência da Pawo em Bamaco, no Mali, de 18 a 23 de julho de 1963, é motivada pelo desejo de reconhecimento das lutas de mulheres, do mesmo modo que as lutas políticas. O objetivo dessa celebração do primeiro movimento

---

16 Entre as fundadoras da Pawo havia muitas ex-alunas da Escola Normal para Moças de Rufisque: as guineanas Jeanne Martin Cissé, Nima Sow e Fatou Toure, a costa-marfinense Jeanne Gervais, a maliana Aoua Keita e as senegalesas Virginie Camara e Caroline Diop. A Pawo contribuiu para a criação, no ano seguinte, da Organização da Unidade Africana (OUA). Também estavam presentes delegações do Congresso Pan-Africano Sul-Africano e do Congresso Nacional Africano, da Tanzânia e Zanzibar, da Frente de Libertação Nacional da Argélia, da Frente de Libertação de Moçambique (Frelimo), do Movimento Popular para a Libertação de Angola (MPLA), do Partido Africano para a Independência da Guiné e do Cabo Verde (PAIGC), os dois principais partidos do Zimbábue (Zapu e Zanu) etc.

17 AWA, n. 1, 1964, p. 12.

pan-africano das mulheres é promover a emancipação das mulheres africanas num continente onde "homens e mulheres gozem dos mesmos direitos políticos, econômicos e sociais".[18]

Se Jeanne Martin Cissé, primeira mulher africana a presidir o Conselho de Segurança das Nações Unidas, foi reconhecida e celebrada ainda em vida nas páginas da AWA e em outras, ao contrário de suas antigas camaradas de luta da União das Mulheres Senegalesas, a revista pôs em evidência a contribuição de outras mulheres africanas nas grandes conferências, tanto em nível local como nacional e transnacional, assim como suas realizações profissionais e políticas. A AWA celebrou a eleição de quatro deputadas senegalesas: Caroline Faye Diop, então presidente do Conselho das Mulheres do UPS (futuro Partido Socialista); Awa Dia Thiam, que era militante política no braço "juventude" do mesmo partido; Léna Diagne Gueye, enfermeira e responsável pelas relações de imprensa e informação no braço feminino do UPS; e Marianne Sambou Sohai, membro da redação da AWA.[19]

Sohai e Diop, ambas formadas pela Escola Normal para Moças de Rufisque, deixaram um rico legado. Diop participou da elaboração do primeiro Código da Família em 1972, lutou pelo direito das mães de receber uma bolsa familiar em caso de divórcio e defendeu a institucionalização do Dia da Mulher Senegalesa em 25 de março. Ela sempre reafirmou a ambição das mulheres de serem protagonistas políticas, mesmo reconhecendo sua instrumentalização para fins eleitorais:

Não queremos mais ser simples vozes eleitorais, as que fazem pender a balança [...]. Nós queremos participar do desenvolvi-

18 AWA, n. 2, 1964, p. 13.
19 AWA, n. 3, 1973, p. 27.

AWA, n. 4, nova série, maio 1973.

mento da nossa nação, ter nossa parte nas responsabilidades e desempenhar nosso papel, assumindo nossas responsabilidades.[20]

Defendendo os direitos das mulheres (e dos homens) e valorizando a feminidade, sem tomar posição política ou feminista, a AWA encarnava uma tensão ideológica entre as que militavam pelos direitos das mulheres sem a etiqueta de "feminista" e

20 AWA, n. 3, 1964, p. 16.

as que a reivindicavam abertamente. A posição paradoxal da *AWA* em relação ao feminismo está refletida no editorial de seu primeiro número, publicado em janeiro de 1964 e intitulado "Réflexion". Não é assinado, mas sabemos hoje que foi escrito pela redatora-chefe, Annette Mbaye d'Erneville. No texto, ela rejeita a causa da igualdade dos sexos "entre homens e mulheres, ou a emancipação das mulheres, porque as mulheres já provaram suas capacidades". E anuncia que "o objetivo não é usar a *AWA* para lançar a cruzada da igualdade das mulheres e dos homens, tampouco cantar em versos a emancipação da mulher africana. Tudo isso é passado, as mulheres já deram as suas provas".[21] Essa rejeição da etiqueta feminista por parte da *AWA* e de seus membros vem da vontade de não ter um discurso em discordância com as prioridades nacionalistas. Vem igualmente de um distanciamento em relação ao feminismo hegemônico branco e da extroversão de suas preocupações. Nesse contexto, a ênfase estava na complementariedade dos sexos, como mostra a socióloga Fatou Sow: "Eu mesma, no meu primeiro artigo sobre as mulheres, publicado em 1963, no número 1 da revista *AWA*, defendia a complementariedade dessas relações. As desigualdades denunciadas pelas mulheres eram antes de tudo aquelas produzidas pela ordem colonial e depois neocolonial".[22]

Contudo, no número seguinte, dedicado às comemorações da Quinzena das Mulheres, Caroline Diop ousou se declarar feminista: "Eu sou feminista. Eu sou a favor da igualdade entre os homens e as mulheres, porém não falo de igualdade matemática.

---

21 "Editorial", *AWA*, n. 1, 1964, p. 3.
22 Fatou Sow, *Revue Tiers Monde: Mouvements Féministes en Afrique*, v. 209, n. 1, 2012, pp. 145–60.

Mas quem se insere na complementariedade dos gêneros".[23] Essa atitude de negociação (uma espécie de negofeminismo à Obioma Nnebiema) tem a marca de Rufisque, mais precisamente da professora Germaine Le Goff, que as preparava para servir à nação e lecionar como cidadãs-modelo.

Se muitas vezes soavam conciliadoras, a ponto de parecerem menos "políticas", tenho a impressão de que as redatoras da AWA, por meio do texto, da edição, da educação popular, da dança, do envolvimento na vida associativa, do cinema, da culinária, do ensino, da construção da jovem nação, adotaram diversas estratégias para fazer progredir suas causas sem trair os objetivos primordiais de unidade nacional e "desenvolvimento". Elas se tornaram, assim, protagonistas políticas, fazendo avançar as causas das mulheres em nível local, nacional e transnacional.

Fippu: De pé contra a ordem social patriarcal

Em janeiro de 1984, dezesseis militantes revolucionárias de esquerda criam o Yewwu Yewwi para a Libertação das Mulheres, o primeiro "movimento de influência" feminista radical, tendo em mente "provocar uma tomada de consciência sobre a necessidade de lutar para mudar as mentalidades". Uma das fundadoras, Marie-Angélique Savané, juntou-se às reuniões do clube soroptimista em 1975, a convite de Annette Mbaye d'Erneville, da AWA. Segundo ela, o objetivo do Yewwu Yewwi era idealizar um projeto de sociedade feminista em reação aos discursos dominantes das mulheres dentro dos clubes soroptimistas, Zonta ou outras associações femininas, pois estas não

23 AWA, n. 3, 1964, p. 32.

estavam em posição de criticar a subordinação das mulheres sob o capitalismo (ou mesmo sob o socialismo tal como era teorizado e praticado no Senegal nessa época). Quando conversamos em 2019, ela recordou o que as diferenciava dos outros movimentos de mulheres:

> A criação do Yewwu Yewwi era uma resposta às associações precedentes de mulheres, pois não conseguíamos fazê-las compreender conceitos como patriarcado ou subordinação das mulheres no capitalismo, mesmo em partidos de esquerda. Continuo convencida de que temos de visar ao que há de mais fundamental numa sociedade, em suas raízes, para transformá-la.[24]

Criada por mulheres militantes de esquerda, o Yewwu Yewwi tentou integrar as massas e preencher as separações de classe, sexo, geração e casta, de cidade e campo. Adotou uma série de estratégias, desde a sensibilização até o *lobbying*, passando pela desobediência civil. O Yewwu Yewwi não dependia de financiamento internacional, podia definir seu programa e pô-lo em prática de maneira autônoma, ao contrário de outras organizações de mulheres.[25] Suas posições feministas radicais e interseccionais eram transgressivas. O grupo organizou debates públicos sobre a reforma do Código da Família, a poligamia e o direito ao aborto, uma iniciativa audaciosa para a época. Entre 1984 e 1987, o Yewwu Yewwi defendeu o reconhecimento do 8 de Março no Senegal, organizou conferências sobre contracepção, feminismo no país, mulheres e saúde mental, mulheres e o Islã etc.

24 Entrevista com a autora em maio de 2019.

25 Oumar Kane e Hawa Kane, "The Origins of the Feminist Movement in Senegal: A Social History of the Pioneering Yewwu-Yewwi", *African Sociological Review*, v. 22, n. 1, 2018, pp. 18–30.

Fippu, n. 2, abr. 1989.

O movimento criou um prêmio para recompensar os esforços políticos a favor da emancipação das mulheres e denunciou a violência sexista. O jornal *Fippu*, que significa rebelião e ruptura, serviu de tribuna e plataforma para o movimento fazer alianças transnacionais com outros grupos feministas.

A missão do *Fippu* era repercutir a palavra das mulheres em luta e amplificar a conscientização, como lembra o texto coletivo "Appel aux femmes du Sénégal" [Convocação às mulheres do Senegal], escrito em dezembro de 1983. O texto denunciava a opressão e a exploração multidimensionais das mulheres na África: opressão marital, opressão da maternidade, opressão cultural, exploração nas fábricas como força de trabalho subalterna, nos serviços, nas cidades, como domésticas ou prostitutas.[26] As autoras recordam que esses males foram denunciados por uma franja instruída da população antes da independência e que esse evento tão desejado ofereceu privilégios a essa minoria de mulheres instruídas e deixou para trás as "deserdadas" que não tinham consciência suficiente de sua subordinação em consequência do patriarcado e da hegemonia masculina. Houve ações sociais, porém as mulheres continuaram à margem das instâncias políticas e econômicas de decisão. Donde o programa em quinze pontos do Yewwu Yewwi para a libertação das mulheres baseado na "consciência aguda" da opressão e da exploração que elas sofrem na sociedade e de que apenas elas podem empreender e ganhar essa luta.

Num texto intitulado: "Quer apostar que a tomamos?",[27] elas reivindicam "a outra palavra" para a libertação de todos/as:

Com avidez, porque durante muito tempo fomos privadas dela.
Com delicadeza e volúpia, porque ela é frágil, volátil e feita de amor.
Com firmeza, porque ela dá o poder de transformar.

Ela? A outra palavra.
A que as mulheres mantidas afastadas da esfera pública murmuraram, sussurraram, cantaram e berraram.
Nos lares, nas concessões, nos haréns, nas cozinhas, perto dos

26 "Visions", *Fippu*, n. 1, 1987, p. 7.
27 "Des mots pour nous dire", *Fippu*, n. 1, 1987, p. 5.

"É claro que a palavra é uma arma!" 181

poços e dos brejos, nos bosques sagrados.

A outra palavra, não para subjugar e se vingar.

Mas para descobrir, fazer recuar as fronteiras da ignorância, da estupidez e dos preconceitos.

A outra palavra, para buscar, numa igualdade renegociada, uma outra maneira de ser mulher, de ser homem, de viver em parceria.

Fippu quer ser o reflexo e a faísca dessa busca.

A expressão de uma dinâmica de libertação entre os sexos e na sociedade, não omitindo nenhum questionamento, não se esquivando de nenhum debate.

Fippu será o jornal da comunicação alternativa feminista.

Fippu será um dos caminhos que levam ao sonho maravilhoso, mas possível de uma nova Aurora.

Então vem, vem com a gente!

Um convite vibrante para refazer os laços, juntar-se a uma comunidade de mulheres de pé, em luta, mas também e sobretudo um convite à ação.

A invocação dessa "outra palavra" reverbera a das feministas camaronesas do Coletivo da Renovação das Mulheres, com o qual o Yewwu Yewwi colaborou, especialmente durante a conferência de Nairóbi em 1985, onde juntas elas afirmaram seu desacordo diante da predominância de uma agenda que dava prioridade ao "desenvolvimento". "A outra palavra" é também não querer ser consideradas as guardiãs das normas sociais patriarcais.

O internacionalismo aliado à ação local é o *modus operandi* do Yewwu Yewwi, como é possível constatar nas páginas do *Fippu*, em textos como "10 ans de féminisme international, état des lieux de Mexico (1975) a Nairobi (1985)" [Dez anos do feminismo internacional, situação do México (1975) a Nairóbi (1985)],[28] de Savané, ou "Quand la plume devient armé" [Quando a caneta se torna arma], de Eugénie Rokhaya Aw e Fatoumata Sow,[29] que evocam duas publicações feministas do Magrebe (a revista *8 Mars*, do Marrocos, e o jornal tunisiano *Nissa*). Além de declarar sua solidariedade com a luta contra o *apartheid* na África do Sul, elas participaram das comemorações do quarto aniversário da Revolução Burquinense, em agosto de 1987, quando uma delegação de dez mulheres do Yewwu Yewwi fez parte das convidadas de honra do presidente Thomas Sankara, que lamentavelmente seria assassinado no dia 15 de outubro daquele mesmo ano. Deffa Marième Wane, em seu relatório sobre essa estadia em Burkina Faso ("Au pays des femmes intègres" [No país das mulheres íntegras]),[30] sublinha que Sankara cantou a seguinte canção para encorajá-las a quebrar as correntes:

Poligamia? Fora!

Excisão? Fora!

Casamento forçado? Fora!

Maridos feudais? Reeducação!

Maridos tóxicos? No lixo!

Pela revolução das mulheres burquinenses? Em frente!

Pela solidariedade e libertação das mulheres africanas? Em frente!

Obrigada, camarada!

Reconhecendo que o feminismo não é ainda um "produto de consumo comum" no país, as mulheres do Yewwu Yewwi demoram a se definir como um coletivo feminista num texto

28 "Femmes en mouvement", *Fippu*, n. 1, 1987, p. 26.

29 *Fippu*, n. 1, 1987, p. 28.

30 "Et si Yewwu Yewwi nous était conté", *Fippu*, n. 2, 1989, p. 17.

intitulado: "Qui sommes-nous"[31] [Quem somos nós?], publicado no *Fippu*:

> mulheres de religião e etnias diversas, casadas, divorciadas ou solteiras. Algumas mães de família, outras sem filhos: uma foto em miniatura dos diversos status de mulheres que existem no Senegal. Mulheres profissionais, algumas das quais sem emprego e estudantes.

As autoras reafirmam sua autonomia *vis-à-vis* aos partidos políticos, embora fossem frequentemente apresentadas como o braço feminino do partido de esquerda revolucionário AJ/PADS (And-Jëf/Partido Africano pela Democracia e o Socialismo) – o que explica também o silêncio do *Fippu* acerca de questões políticas, ainda que, de maneira transversal, seu conteúdo fosse eminentemente político.

Os desafios que as mulheres senegalesas enfrentam no trabalho, no sistema judiciário enquanto cidadãs, no sistema bancário, na religião, seja nas cidades, seja nas zonas rurais, ganham os holofotes. Por exemplo, por meio de uma reportagem sobre as mulheres de Boucotte Wolof, um vilarejo na região de Ziguinchor, que se juntaram em grupos de produção hortícola para diminuir a predominância da cultura de arroz e milhete que as condições climáticas e a seca tornaram impossível. Ou ainda com o dossiê sobre o Código da Família senegalesa publicado em outubro de 1987, seguido de um texto de Fatoumata Sow ("Un plus à améliorer" [Mais um a melhorar])[32] sobre a reforma desse código para consolidar e ampliar os direitos das mulheres.

31 "Visions", *Fippu*, n. 2, 1989, pp. 5–7.
32 "Nos voix", *Fippu*, n. 2, 1989, pp. 8–9.

O Yewwu Yewwi contribuiu para a preparação da próxima geração de ativistas feministas com sua crítica interseccional à exploração e à opressão das mulheres e dos homens num contexto patriarcal dominado por um partido político único e o avanço hegemônico do capitalismo.

Para não concluir: *AWA* e *Fippu*, que legados políticos?

Colocando a responsabilização coletiva no centro do projeto de libertação e construção nacionais após a independência no Senegal e na África Ocidental francófona, os movimentos sociais, associações, sindicatos femininos e militantes políticos participaram da conscientização e da construção de uma comunidade e de uma coletividade política de mulheres para além das diferenças de casta, classe e sexualidade. Essas mulheres se dedicaram à construção de redes de aliança e ação política transnacionais e de estruturas de cuidados coletivos, mas também de espaços de expressão que sobreviveriam a elas. Esse legado permitiu aguçar a consciência política feminista e tornar possível sua emancipação, especialmente indo além da economia doméstica, que era o foco da formação das jovens nativas após a independência, e incorporando a solidariedade e a sororidade.[33] Essas militantes políticas compreenderam a necessidade de uma abordagem interseccional do pan-africanismo, refletida na posição da historiadora Ama Biney: "Uma consciência antipatriarcal, paralelamente a uma

---

33 Rama Salla Dieng, *Féminismes africains: une histoire décoloniale*. Paris: Présence Africaine, 2021.

posição anticapitalista e anti-imperialista, deve ser a agenda das pan-africanistas do século xxi".[34]

Apesar de reivindicar sua feminidade, a AWA não demonstrava orientações políticas ou feministas. A revista, contudo, inspirou uma geração de lideranças políticas e ativistas claramente feminista, por suas posições explícitas e implícitas. O *Fippu*, por outro lado, situava-se à esquerda da esquerda e via sua ação política como uma "tomada da palavra" ou uma contra-argumentação. Uma e outro foram políticos por seus conteúdos, mas também porque as mulheres que eles reuniam "agiam" no interior de espaços públicos cuja entrada tiveram de forçar. Não é por acaso que a primeira coletânea de poemas de Annette Mbaye d'Erneville, publicada em 1965 com o título de *Poèmes africains*, foi reeditado em 1966 com o título de *Kaddu* (que significa "palavra" na língua uolofe).

Dois anos depois, a primeira diretora de um filme comercial africano, a etnógrafa Safi Faye, lançaria o longa-metragem *Kaddu Beykat*[35] [*Carta camponesa*, 1975], que fala das vozes do mundo rural e, mais precisamente, dos camponeses de sua aldeia natal serere, Fad'jal. Aqui também a ênfase é a tomada da palavra e a interpelação dos dirigentes da época, cujas políticas econômicas afetavam profundamente os meios de subsistência do campesinato.[36] Em 1978, Awa Thiam, antropóloga senegalesa e cofundadora da Coordenação das Mulheres Negras, publicou *La Parole aux négresses*,[37] em que desafia os líderes da negritude, conhecidos por enaltecer a beleza das mulheres negras,

---

34 Ama Biney, "Pan-Africanism, Intersectionality and African Problems", *Journal of Southern African Studies*, v. 48, n. 2, 2022, p. 400.

35 Literalmente, "palavras camponesas".

36 Rama Salla Dieng, "The Land Doesn't Lie", *Africa Is a Country*, jan. 2023.

37 Awa Thiam, *La Parole aux négresses*. Paris: Denoël-Gonthier, 1978.

como no célebre poema de Léopold Sédar Senghor "Femme nue, femme noire" [Mulher nua, mulher negra],[38] mas eram surdos às suas reivindicações políticas. Ela formulou uma teoria da interseccionalidade antes que o termo virasse moda, analisando os problemas encontrados pelas mulheres africanas e negras em sua vida privada, a poligamia, as mutilações genitais, a violência sexista e o embranquecimento da pele, mesmo correndo o risco de trair "os segredos da tribo":[39] "Tomar a palavra para fazer frente. Tomar a palavra para dizer sua recusa, sua revolta. Tomar a palavra promotora. Palavra-ação. Palavra subversiva. AGIR-AGIR-AGIR, unindo a prática teórica à prática prática."[40]

Em 1979, Mariama Bâ, ex-aluna de Rufisque, incentivada por sua "irmã" Annette Mbaye d'Erneville, publicou seu primeiro romance, aquele que se tornaria um clássico da literatura afri-

---

38 Mais tarde, a escritora camaronesa Calixthe Beyala, em resposta a "Femme nue, femme noire", desenvolverá sua teoria da "feminitude" (contração de "feminismo" e "negritude"). Ela dirá por intermédio de sua personagem Irène: "'Mulher nua, mulher negra, vestida da tua cor que é vida, da tua forma que é beleza...' Esses versos fazem parte do meu arsenal linguístico. Você verá: minhas próprias palavras vibram e tilintam como correntes. Palavras que desafinam, desconjuntam, desparafusam, dão trambolhões, dissecam, torturam! Palavras que dão palmadas, estapeiam, quebram e esmagam! Aquele que não se sente à vontade que prossiga o seu caminho... Porque aqui não haverá sutiãs de renda, meias de seda, calcinhas minúsculas a preços exorbitantes, perfume de rosas ou gardênia e menos ainda aquelas abordagens rituais de mulher fatal tiradas do cinema ou da televisão" (Calixthe Beyala, *Femme nue, femme noire*. Paris: Albin Michel, 2003, p. 11).
39 Gertrude Mutonkoley Mianda, "Reading Awa Thiam's *La parole aux négresses* through the Lens of Feminisms and Hegemony of English Language". *Atlantis: Critical Studies in Gender, Culture & Social Justice*, v. 36, n. 2, 2014.
40 Awa Thiam, *La Parole aux négresses*. Paris: Denoël-Gonthier, 1978, p. 20.

"É claro que a palavra é uma arma!" 187

cana e feminista. Uma tomada de texto como instrumento de libertação que Mariama Bâ justifica com esta frase límpida: "É claro que os livros são armas!".[41] Anos depois, a mesma Annette Mbaye incentivará outra senegalesa, Mariétou Mbaye Biléoma, a publicar *Baobab fou* [1984]. Mariétou exprime toda a sua genialidade criativa e entra para a história das mulheres de pé com o pseudônimo *Ken Bugul*.

Agradecimentos

Às mulheres do Yewwu Yewwi que aceitaram conversar comigo e a Tabara Korka Ndiaye, por ter colocado as capas digitalizadas do jornal *Fippu* à minha disposição; a Ruth Bush e Claire Ducournau, por terem digitalizado as revistas AWA (awamagazine.org).

TRADUÇÃO Mariana Echalar

---

41 Fazendo eco, um artigo do *Fippu* (n. 1, 1987) sobre as lutas das marroquinas e das tunisianas é intitulado: "Quand la plume devient arme" [Quando a caneta se torna arma].

EM MEMÓRIA DE MARIA MIES

Silvia Federici

SILVIA FEDERICI nasceu em Parma, Itália, em 1942. É autora de *Mulheres e caça às bruxas* (Boitempo, 2019), *O ponto zero da revolução* (Elefante, 2019), *O patriarcado do salário* (Boitempo, 2021), *Reencantando o mundo* (Elefante, 2022), *Calibã e a bruxa* (2ª. ed., Elefante, 2023), *Além da pele* (Elefante, 2023).

A morte de Maria Mies, na noite de 15 de maio de 2023, foi uma grande perda para o movimento feminista, embora, como disseram pessoas presentes ao ato em sua memória realizado no dia 4 de junho, sem dúvida sua grande contribuição para a teoria e a luta feministas fará com que ela continue nos inspirando ainda por muito tempo.[1] O trabalho de Maria Mies foi fundamental para a definição de um programa feminista radical, anticapitalista e anticolonial, um projeto que ela perseguiu durante toda a sua vida, tanto em seus textos quanto nos cursos que ministrou e no incessante ativismo que sempre foi a fonte de sua teorização.

Nascida na Alemanha numa família camponesa, Maria cresceu num país que precisou ser totalmente reconstruído no pós--Segunda Guerra Mundial. Pertenceu a uma geração de jovens que viu o mundo mudar diante de seus olhos e não podia ignorar as lições políticas da época – a qual parecia prometer, depois da derrota do fascismo, o início de um novo mundo.

Maria tinha uma grande capacidade de aprender com a experiência. Aprendeu uma lição de coragem dada pela mãe, que num país em ruínas não cedeu ao desespero, pondo-se a trabalhar para alimentar a família. Como Maria escreveu em sua autobiografia, *The Village and the World: My life and Our Times* [A aldeia e o mundo: minha vida e nossa época], de 2010: "Nossas mães eram as 'mulheres dos escombros' que eliminavam as camadas de destroços para que a vida pudesse prosseguir".[2] Maria nunca esqueceu essa capacidade das mulheres de se erguerem quando tudo parecia perdido, porque sabiam

---

1 O ato foi organizado por René Gabri e Ayreen Anasta, com a participação de mulheres mais próximas da família política de Maria Mies e de seu marido, Saral Sarkar.
2 Maria Mies, *The Village and the World: My Life, Our Times*. North Melbourne: Spinifex, 2010, p. xi.

que a vida de outras pessoas dependia delas e não podiam se permitir entregar-se ao pessimismo. Também aprendeu com o pai camponês, que, semeando os campos, encontrou as pedras de uma estrada romana e lhe ensinou que os grandes impérios também podem cair.[3]

Com seus pais e com a vida em Auel, a aldeia no Eifel onde passou a infância e as pessoas viviam comunitariamente de atividades de subsistência, ela adquiriu os valores que moldariam sua política: o amor à beleza, à criatividade e à diversidade da natureza, o prazer de cooperar com outras pessoas e o valor de uma vida assentada na satisfação das necessidades básicas, e não no consumo supérfluo.[4] Mas foi a decisão de ir ainda muito jovem, na década de 1960, para a Índia, onde lecionaria alemão, que mudou sua vida.

Os anos na Índia foram fundamentais para seu desenvolvimento intelectual e político. A Índia abriu o mundo para ela. Foi ali, aprendendo com suas alunas sobre a prática do *purdah*, que (em suas próprias palavras) ela começou a compreender o que é o patriarcado como sistema social.[5] Na Índia, que se tornou seu segundo lar, ela não somente viu a conexão essencial entre o nazismo e o colonialismo, como começou o estudo sobre as economias de subsistência e o trabalho feminino de reprodução que a ocupou durante toda a sua vida e foi o tema da pesquisa que realizou ao voltar para lá em 1977.

Nessa época, tanto na Europa quanto nos Estados Unidos, havia um amplo debate entre as feministas sobre o papel que

3 Todas as referências à biografia de Mies são retiradas de seu livro *The Village and the World*, op. cit.

4 Sobre os valores que inspiraram a vida de Maria Mies, ver os comentários no epílogo de *The Village and the World*, op. cit.

5 Ibid., p. 103.

192 Silvia Federici

o confinamento das mulheres ao trabalho doméstico desempenhava na discriminação que elas sofriam no capitalismo, assim como as razões para a desvalorização desse trabalho e sua função na economia política capitalista. Para algumas de nós, a questão básica era mostrar que, apesar de sua exclusão das categorias econômicas, o trabalho doméstico é uma forma de produção capitalista, a saber, a produção da força de trabalho. Mas, ao analisar o trabalho doméstico do ponto de vista de sua experiência na Índia, o foco de Mies foi sua conexão com outras formas de trabalho não remunerado, "como o dos trabalhadores rurais e o das mulheres no Terceiro Mundo" e o que ele revelava da lógica do sistema capitalista. Outra percepção que a experiência na Índia propiciou a Mies foi a de que, ao contrário do que dizem os princípios marxistas, nem sempre é a partir dos estágios superiores de desenvolvimento que se pode ver a verdade do sistema.[6] Não por acaso, de volta à Alemanha, as mulheres com quem ela colaborou mais estreitamente, Claudia von Werlhof e Veronika Bennholdt-Thomsen, tinham tido experiência com o Sul global.

Com elas e também com mulheres indianas e bengalesas, como Vandana Shiva e Farida Akhter, além da australiana Renate Klein, Mies desenvolveu uma vigorosa perspectiva teórica, investigando as raízes da discriminação contra as mulheres, desde as comunidades de caça e coleta até as sociedades capitalistas, e desmascarando os mitos usados para justificá-la. O estudo das razões e do meio pelo qual os homens dominaram as sociedades, negaram sistematicamente a produtividade da vida e do trabalho das mulheres e construíram a produção da riqueza social graças à

---

6 Ver M. Mies, *The Lace Makers of Narsapur: Indian Housewives Produce for the World Market*. London: Zed, 1982.

conquista, colonização e escravização foi uma das tarefas da obra de Mies. Assim, em seu hoje clássico *Patriarcado e acumulação em escala mundial*,[7] escrito em 1985, ela retraçou o desenvolvimento histórico do domínio patriarcal através de diferentes sistemas socioeconômicos, sempre mostrando a conexão essencial entre a exploração/desvalorização das mulheres, a exploração da natureza e o processo de colonização.

Na verdade, antes da ascensão do feminismo colonial, Mies viu como o patriarcado e o colonialismo derivam do mesmo princípio predatório, que desvaloriza o que ele mais deseja e cuja apropriação lhe é mais necessária. O título que ela deu à sua autobiografia, *The Village and The World*, reflete essa perspectiva, que nunca separou o local do global e sempre examinou a história – em particular a do desenvolvimento capitalista – do ponto de vista dos subjugados, dos colonizados, daqueles cuja produção de vida sustentou toda a atividade econômica, embora inviabilizados e não reconhecidos.

Ao reescrever a história "a partir de baixo", seu objetivo foi sempre muito amplo: utilizar como ponto de partida um estudo dos três séculos de caça às bruxas na Europa, passar pelo papel da escravização e da colonização na acumulação capitalista e pelo desenvolvimento de certa divisão do trabalho sexual e internacional e chegar ao lugar das mulheres nas lutas nacionais pela libertação, desde a União Soviética até a China e o Vietnã. Embora tenha se concentrado sobretudo nas raízes socioeconômicas da exploração social em todas as suas formas, Mies não hesitou em confrontar questões ontológicas, sugerindo, por exemplo, que a diferenciação histórico-antropológica entre o

---

7 M. Mies, *Patriarcado e acumulação em escala mundial*, trad. Coletivo Sycorax, São Paulo: Ema / Timo, 2022.

"homem caçador" e a "mulher que dá a vida" pode ter se originado nos diferentes modos como os homens e as mulheres, em virtude de sua constituição, se relacionavam com a reprodução da vida e as diferentes tecnologias que produziram no processo.

Essa tese não significou uma concessão a uma concepção determinista da "natureza humana". Ao mesmo tempo se afastava de um conceito da natureza humana como apenas um produto de fabricação social, Mies rejeitava a ideia de que a experiência do nosso corpo pode ser concebida como o encontro com uma realidade bruta, animal, puramente biológica, e insistiu que esta é sempre permeada por significações culturais que levam para ela nossas preocupações e experiências e extraem dela práticas e conhecimentos. Em que medida o fato de a produção da vida pelo homem (diferentemente do que ocorre com as mulheres) ter exigido o uso de ferramentas foi, na verdade, responsável pela especialização do homem nas práticas da guerra – tese de Mies sobre uma das origens da divisão sexual do trabalho[8] – é algo que se pode discutir. Contudo, vale a pena mencioná-la, pois ela mostra tanto o empenho de Mies em sempre chegar às raízes das práticas sociais e entender de modo materialista a formação das relações sociais quanto sua convicção de que a atribuição de sentido e valor é um componente essencial da vida humana em todos os estágios de seu desenvolvimento.

A partir desse ponto de vista, Mies criticou a concepção redutiva de Marx e Engels sobre o trabalho; para eles, o trabalho industrial seria a força motriz da história, enquanto limita ao reino da biologia e da natureza a produção de novas vidas pelas

---

8 Ver ibid., capítulo 2: "Origens sociais da divisão sexual do trabalho", especialmente pp. 129–31.

mulheres por meio da procriação.[9] O viés biologista, sustentou Mies, ignora que os seres humanos não são escravizados pela natureza, mas são aptos a "se apropriarem" dela e a interpretá-la de acordo com suas necessidades e desejos.

Segundo ela, as mulheres:

> não simplesmente emprenhavam e pariam crianças como vacas, mas se apropriavam de suas próprias forças geradoras e produtivas, analisavam e refletiam sobre suas próprias experiências e sobre as das mulheres anteriores e as transmitiam para suas filhas. Isso significa que elas não foram vítimas indefesas das forças geradoras de seus corpos, mas aprenderam a influenciá-los, incluindo o número de filhos que desejavam ter.[10]

Coerentemente com esse mesmo princípio, Mies também rejeitava a desvalorização das pessoas que não têm instrução, e por isso consideradas sem conhecimento, e repelia a desvalorização do que não é produzido industrialmente – desde o trabalho agrícola até a reprodução e o trabalho de cuidar – como algo atrasado, insatisfatório e que precisa ser tecnologicamente reconstruído. Embora influenciada pelo marxismo, que estudou durante seus anos de ativismo no movimento estudantil, ela criticava a admiração de Marx pela produção industrial e em particular sua crença de que o desenvolvimento industrial é fator básico na construção de uma sociedade comunista. Sempre preocupada com a ecologia, consciente dos efeitos devastadores da industrialização sobre o meio ambiente, ela advertia enfaticamente que a visão marxista da extensão da

9 Ibid., pp. 113–ss.
10 Ibid., p. 126.

industrialização a todas as partes do mundo seria absolutamente insustentável e uma catástrofe histórica. Crítica de Marx, voltou-se para Rosa Luxemburgo, que tinha uma compreensão do lugar do "subdesenvolvimento" na acumulação do capital e acreditava que, sem "colônias", o capitalismo não conseguiria se perpetuar.

No entanto, o termo "colônias" em Mies tem um sentido mais amplo que em geral. Aplica-se a todas as populações, realidades sociais ou territórios apropriados, explorados, cujos habitantes ancestrais são removidos e, nesse processo, são privados de sua história e desvalorizados. Nesse sentido, ela falou das mulheres como "a última colônia",[11] exatamente porque na divisão sexual do trabalho capitalista a contribuição do trabalho feminino para a produção da vida e para a reprodução das relações sociais foi invisibilizada e posta a serviço dos homens.

Sabe-se que Mies chamou de "domesticação" esse processo, tendo sustentado que, com o tempo, ele se tornaria o modelo de todas as formas de trabalho, uma vez que na economia liberal todos os empregos se tornariam precários, sub-remunerados, sem direito a benefícios e, em muitos casos, invisíveis como trabalho. Também a esse respeito, sua perspectiva teórica contrastou com a de Marx, para quem o trabalho assalariado se generalizaria com o desenvolvimento capitalista, representando a relação de trabalho paradigmática do capitalismo e o terreno em que se realizaria a luta para a libertação humana.

Como muitas feministas da década de 1970, Mies também acreditava que construir um mundo em que a produção da vida

---

11 M. Mies, Veronika Bennholdt-Thomsen e Claudia von Werlhof, *Women: The Last Colony*. London: Zed, 1988; Veronika Bennholdt-Thomse e Maria Mies, *The Subsistence Perspective: Beyond The Globalised Economy*, trad. Patrick Camiller, Maria Mies e Gerd Weih. London: Zed, 1999.

é a meta e o centro da organização social deveria ser o principal objetivo do movimento feminista. Esse é um tema a que ela retornou muitas vezes a partir de *The Subsistence Perspective*, escrito em 1999 com Veronika Bennholdt-Thomsen.

Central no vocabulário de Mies, o conceito de "subsistência" abarca tudo o que é valioso em nossa existência. Capta sua visão do "bem viver", isto é, uma sociedade futura em que a produção da vida não mais se subordina à acumulação de riqueza, sendo, ao contrário, realizada de modos que não destruam os seres humanos nem a Terra. O termo representa igualmente um mundo de relações de comunidade em que reconhecemos nossa independência essencial e somos responsáveis não só por nossa vida individual, como também pela dos outros e a da Terra.

Assim, desde o início dos anos 1980, Mies fez uma crítica implacável do ímpeto capitalista em direção ao crescimento econômico e da retomada da globalização neoliberal da produção. Achava que a criação de uma grande separação entre produção e consumo e, por exemplo, a importação para a Europa de comida produzida no Sul global não somente resultavam na destruição dos ciclos tradicionais da agricultura, como também geravam uma cultura de irresponsabilidade, tornando-se cada vez mais difícil para as pessoas entender de onde vinha o alimento que comiam, como era produzido, como deviam descartar com segurança o lixo gerado por seu consumo etc.

Mies entendia que a globalização é um processo de recolonização, levando milhares de pessoas a serem expulsas de sua terra ancestral, uma vez que os campos, as florestas e as terras cultiváveis são privatizadas e devastadas por empreendimentos comerciais e tecnologias extrativistas. Como alternativa a esse caminho, ela advogava uma relocalização da agricultura e o afastamento de um modelo de consumo que claramente levava pobreza e destruição ambiental a todo o mundo.

Crítica da destruição tecnológica da natureza, Mies foi também uma das primeiras feministas a se manifestar contra as novas tecnologias de reprodução, rejeitando a ideologia que as apresenta como um meio para a libertação das mulheres, supostamente libertando-as da "tirania" de sua constituição biológica. Denunciando o fato de que essas tecnologias transformam o corpo da mulher num novo campo de investimento e exploração e têm objetivos eugênicos, em *Ecofeminismo* [1993], livro escrito com Vandana Shiva, ela enfatizou a conexão entre a bioengenharia do corpo feminino e a engenharia genética das plantas e sementes, sustentando que em ambos os casos, sob o disfarce de processo de racionalização, está em andamento um domínio industrial da natureza que coloca o processo de reprodução da vida sob o controle da ciência e do Estado.[12]

Coerentemente com sua metodologia, Mies sustentou seus argumentos, mostrando a intensa medicalização a que a fertilização *in vitro* submete os corpos femininos, o estado passivo, humilhante, a que as mulheres são reduzidas nesse processo e a relação colonial inerente à gestação como barriga de aluguel. Além disso, fez uma extensa pesquisa histórica em que reconstituiu a história do movimento eugênico nas campanhas nazistas de esterilização e mostrou que a biotecnologia era orientada pelo mesmo princípio de seleção e eliminação e fez da procriação um processo industrial que já havia sido empregado (na Índia e na China) para descartar fetos femininos e, em última instância, visava "desvalorizar como 'produtos inferiores' as crianças

---

12 M. Mies e Vandana Shiva, *Ecofeminism*. London: Zed, 1993, p. 187 [ed. bras.: *Ecofeminismo*. São Paulo: Luas, 2021].

nascidas de mulheres".[13] Em "From the Individual to Dividual: The Supermarket of Reproductive Alternatives" [Do individual ao "dividual": o supermercado de alternativas reprodutivas], ela advertiu ainda contra os usos institucionais da afirmação feminista dos "direitos reprodutivos", da "autonomia reprodutiva", para garantir filhos às mulheres ricas por meio da exploração de uma classe de "mulheres criadeiras",[14] exatamente quando campanhas maciças de esterilização coercitiva para o controle populacional estavam sendo realizadas pela Organização Mundial da Saúde e outros órgãos institucionais, como o Banco Mundial, negando o mesmo direito à população feminina do "Terceiro Mundo". Mies analisou também a ideologia mobilizada para promover as novas tecnologias reprodutivas, chegando às suas raízes nas filosofias racionalistas do Iluminismo: mostrou sua misoginia, seus vieses sexistas, sua tendência a transformar o feto em inimigo da mãe e a tirar a maternidade do centro da ação, substituindo-a pelo médico na posição de quem dá a vida.

Assim como aconteceu na campanha contra a expansão global das relações capitalistas, Mies não se limitou em seus textos à análise crítica das tecnologias de reprodução, mas, com feministas de várias partes do mundo, se empenhou numa mobilização incessante contra essas tecnologias, organizando conferências, workshops, protestos e manifestos, que frequentemente redigia em vários idiomas. Assim, no início dos anos 1980, ela foi uma das promotoras da Finrrage, uma rede feminista "de resistência à engenharia reprodutiva e genética" cujo objetivo era lutar contra essa nova colonização do corpo das mulheres. Entre as principais iniciativas da Finrrage estava a redação de uma resolução contra

13 Ibid., pp. 182–86 e 187.
14 Ibid., pp. 198–217.

a engenharia genética e reprodutiva que Mies apresentou na conferência das Nações Unidas em Nairóbi, em julho de 1985.

Foi nessa mesma época que Mies começou a campanha contra o militarismo e a guerra que a ocupou durante o restante de sua vida: foi em 1983, quando participou do acampamento de Hunsrück, organizado por feministas alemãs em frente a duas bases militares onde estavam armazenados mísseis de cruzeiro. Também nesse caso ela entendeu que a guerra e a militarização não podiam vicejar sem a institucionalização da violência patriarcal na vida cotidiana e que a guerra é realizada com armamentos, porém é inerente a todas as políticas econômicas, pois o capitalismo priva milhões de pessoas dos recursos necessários à reprodução da vida. Essa foi a mensagem de uma resolução que Mies redigiu em Leipzig em 1996, em conjunto com mulheres de várias organizações não governamentais, preparando as estratégias para a Conferência da Organização das Nações Unidas para Alimentação e Agricultura (FAO) sobre segurança alimentar que seria realizada ainda naquele ano em Roma. Na mesma conferência em Leipzig, ela ajudou a criar a Diverse Woman for Diversity, uma organização que durante anos destacou o papel fundamental das mulheres na provisão de alimentos e denunciou o papel do Fundo Monetário Internacional (FMI), dos bancos mundiais e da Organização Mundial do Comércio (OMC) na disseminação da fome pelo mundo.

Novamente em 1998, com outras mulheres em Colônia, Mies iniciou uma mobilização contra o Acordo Multilateral de Investimento, uma política que pretendia globalizar totalmente a economia, esvaziando a ação de leis ambientais e trabalhistas e dando a todos os países livre acesso à economia de qualquer país. Esse foi o começo do primeiro movimento antiglobalização na Alemanha,[15] provocado por uma conferência realizada em Bonn que Mies ajudou a organizar e cujos resultados ela e Claudia von Werlhof publicaram posteriormente em *Lizenz zum Plündern* [Autorização para saquear] (1999).[16] Um ano depois, Mies estava em Seattle para um protesto histórico, ao qual se referiu como um exemplo inspirador de "globalização a partir de baixo" e uma "universidade das ruas"; em 2000 participou do protesto contra a reunião anual do FMI e do Banco Mundial em Praga; em 2001 estava no Fórum Social Mundial em Porto Alegre; em 2003 organizou com outras feministas em Colônia uma conferência por ocasião da renegociação do Acordo Geral de Tarifas e Comércio (GATT, em inglês), que "ameaçava privatizar serviços fornecidos pelo governo, uma iniciativa que prejudicaria sobretudo as mulheres".[17] Depois de setembro de 2001 sua principal preocupação passou a ser a relação da globalização com a guerra, pois ela temia que tivesse começado uma nova era caracterizada pela "guerra sem fim" (título de um livro publicado na Alemanha em 2004), em que as iniciativas bélicas se voltariam para a "destruição da própria capacidade das sociedades de serem *autossuficientes e independentes*".[18]

O ativismo de Mies teve sequência no seu trabalho como professora universitária, primeiro na Holanda e depois na Alemanha. Com seus cursos e discussões em sala de aula, ela influenciou uma geração de feministas, muitas das quais, no

---

15 Sobre a campanha contra o Acordo Multilateral de Investimento liderada por Mies, ver *The Village and the World*, op. cit., pp. 263–68.

16 M. Mies e Claudia von Werlhof (orgs.), *Lizenz zum Plündern: Globalisierung der Konzernherrschaft – und was wir dagegen tun können*. Hamburg: Eva, 1999.

17 Ver M. Mies, *The Village and the World*, op. cit., pp. 282–84.

18 Ibid., pp. 285–86.

ato realizado em sua memória, lembraram com amor e gratidão a experiência inspiradora e formativa oferecida por suas aulas. Todas concordavam que Maria Mies era insuperável no trabalho coletivo e tinha uma capacidade excepcional de "chegar à essência das coisas" e identificar as questões cruciais, sempre procurando transformar teoria em ação.

Assim como Marx, que a influenciou no início de sua formação política, Mies acreditava que a questão não era interpretar o mundo, mas mudá-lo, e, de fato, todo o seu trabalho teve uma tradução prática identificável no ativismo que a inspirou. Mies não só transformava a teoria em prática, como também teorizava a necessidade da prática. Os princípios que seguia nesse contexto foram expostos num importante ensaio que ela escreveu nos primeiros anos do movimento feminista: "Towards a Methodology For Feminist Research" [Para uma metodologia da pesquisa feminista],[19] em que apresenta um conjunto de teses que definem um ponto de vista feminista sobre a relação entre conhecimento e prática, motivadas em parte pela preocupação de que o desenvolvimento do curso de Estudos das Mulheres (Women Studies) pudesse vir a se restringir ao ambiente acadêmico. Reconhecendo que essa disciplina não foi inventada por acadêmicas, mas "surgiu nas ruas, em incontáveis grupos de mulheres", isto é, foi criada por feministas que tinham um objetivo político e seria usada contra as mulheres se continuasse confinada ao meio universitário, ela ressaltou reiteradamente que a pesquisa e a produção de conhecimento sobre o feminismo deviam fazer parte da luta contra a opressão das mulheres, que precisavam ser um processo

19 Em Gloria Bowles e Renate D. Klein (orgs.), *Theories of Women's Studies*. London: Routledge/Kegan Paul, 1983, pp. 117–39. Sobre essa questão, ver M. Mies, "Feminist Research Science. Violence and Responsibility", in M. Mies e V. Shiva, *Ecofeminism*, op. cit., pp. 36–54.

de "conscientização" coletiva e autotransformação e apresentar uma crítica de todos os paradigmas científicos sociais correntes.

O trabalho de Mies ilustrou bem essas "diretrizes metodológicas da pesquisa feminista". Na verdade, poucas feministas fizeram uma análise tão ampla e rica das motivações e consequências do desenvolvimento capitalista, mostrando no processo que o feminismo não é um apêndice das perspectivas sociopolíticas existentes, mas um sistema autônomo que perpassa todas as disciplinas, capaz de oferecer uma visão do futuro que não fala somente para as mulheres, e sim para a luta mais ampla pela libertação humana e pela regeneração da natureza. Numa época em que o feminismo estava sendo apropriado pelos governos e pela ONU para integrar as mulheres à economia global como mão de obra barata, e em que muitas feministas abraçaram filosofias pós-modernas, confinando as críticas feministas a análises expostas em textos, o trabalho de Mies foi uma vigorosa demonstração da possibilidade de outro feminismo, não cooptável, subversivo, forjado na convicção de que uma mudança radical é necessária nas condições materiais da nossa vida, e isso significa uma mobilização para pôr fim ao poder destrutivo das relações patriarcais, capitalistas, coloniais.

Além do trabalho teórico marcante e da dedicação à luta contra o patriarcado capitalista, Mies é lembrada por seu calor, pela vitalidade, pela alegria com que trabalhava e exercia sua militância política – qualidades de que as pessoas se recordam com saudade. Muito criativa, compunha músicas para cada acontecimento e, certa vez, durante uma reunião em Bonn, chegou a subir no pódio para cantar. Fazia com prazer seu trabalho e nos lembrava sempre de que (ao contrário da suposição geral e até mesmo do que se vê em alguns escritos de Marx), se não for feito por obrigação, sob condições de escassez e para acumulação de riqueza, o trabalho pode ser um prazer. Tal como escreveu na introdução de *Ecofeminismo* (com Vandana Shiva), num mundo que parece inclinado à destruição de todos os meios de nossa reprodução, a principal tarefa que temos é a de alimentar o impulso da reprodução presente em todas as coisas vivas. Mies fez isso em sua relação com as mulheres com quem colaborou e também em sua relação com as muitas alunas que teve e com as milhares de pessoas a quem atingiu com seu trabalho, dando-nos não somente uma análise consistente das raízes da desigualdade social e da estrada que precisamos percorrer para criar um mundo mais justo, mas também oferecendo-nos um exemplo de prática feminista transformadora que, pelo ativismo cotidiano, já faz existir um pouco do mundo a ser criado.

Maria gostava de lembrar que, perto da morte, refletindo sobre o passado, sua mãe exclamou: "Não foi uma vida boa?". Agora podemos certamente afirmar isso com relação à sua vida, lamentando sua morte, mas celebrando o legado que ela nos deixou.

Nova York, julho de 2023

TRADUÇÃO Cristina Cupertino

Título original: *Gagner le monde. Sur quelques héritages féministes*
© Ubu Editora, 2025
© La Fabrique Éditions, 2023

preparação Mariana Echalar e Débora Donadel
revisão Cláudia Cantarin
design de capa Elaine Ramos
composição Nikolas Suguiyama
produção gráfica Marina Ambrasas

EQUIPE UBU
direção Florencia Ferrari
direção de arte Elaine Ramos; Júlia Paccola
e Nikolas Suguiyama (assistentes)
coordenação Isabela Sanches
coordenação de produção Livia Campos
editorial Bibiana Leme, Gabriela Ripper Naigeborin
e Maria Fernanda Chaves
comercial Luciana Mazolini e Anna Fournier
comunicação/circuito ubu Maria Chiaretti,
Walmir Lacerda e Seham Furlan
design de comunicação Marco Christini
gestão circuito ubu/site Cinthya Moreira e Vivian T.

UBU EDITORA
Largo do Arouche 161 sobreloja 2
01219 011 São Paulo SP
ubueditora.com.br
professor@ubueditora.com.br
/ubueditora

Dados Internacionais de Catalogação na Publicação (CIP)
Elaborado por Odilio Hilario Moreira Junior – CRB-8 / 9949

G197
    Ganhar o mundo: sobre os legados feministas /
    Zahra Ali...[et al]; traduzido por Mariana Echalar,
    Cristina Cupertino, Juliana Pavão. Título original:
    Gagner le monde: Sur quelques héritages féministes.
    São Paulo: Ubu Editora, 2025. 208 pp.
    ISBN 978 85 7126 206 5

1. Feminismo. 2. Lutas feministas no Sul global.
3. Ecofeminismo. 4. Transfeminismo. 5. Lutas
anti-imperialistas. I. Ali, Zahra. II. Dieng, Rama Salla.
III. Federici, Silvia. IV. Gago, Verónica. V. Olufemi, Lola.
VI. Ribeiro, Djamila. VII. Valencia, Sayak. VIII. Vergès,
Françoise. IX. Echalar, Mariana. X. Cupertino, Cristina.
XI. Pavão, Juliana. XII. Título.

2025-676   CDD 305.42 CDU 396

Índice para catálogo sistemático:
1. Feminismo 305.42
2. Feminismo 396

FONTES
Karmina e Inclusive Sans
PAPEL
Pólen bold 70 g/m²
IMPRESSÃO
Margraf